Anonymous

Der Adel und der Konservatismus in Österreich

Anonymous

Der Adel und der Konservatismus in Österreich

ISBN/EAN: 9783743431522

Hergestellt in Europa, USA, Kanada, Australien, Japan

Cover: Foto ©Suzi / pixelio.de

Weitere Bücher finden Sie auf **www.hansebooks.com**

DER ADEL

UND DER

CONSERVATISMUS

IN

OESTERREICH.

WIEN 1879.
RUD. LECHNER'S VERLAG.

BUCHDRUCKEREI „STEYRERMÜHL".

Die unmittelbare Veranlassung zu vorliegender Arbeit gab eine im laufenden Jahre zu München erschienene Brochüre: „Der österreichische Adel und sein constitutioneller Beruf". Dieselbe fand vielfältige Würdigung in den denkenden Kreisen der österreichischen Aristokratie. Das dadurch angeregte Problem lässt sich jedoch nur weiter führen, wenn man die politische Thätigkeit des Adels im Verlaufe der letzten Entwicklungsjahre des österreichischen Staates damit in Verbindung zieht.

Daran knüpft sich unmittelbar die in mannigfacher Beziehung interessante Frage, in welcher Form die Vertheidigung conservativer Interessen heutzutage noch möglich und nützlich ist. Die politische Berechtigung des Conservatismus hängt offenbar von der Möglichkeit ab, dass derselbe aus der bisherigen einseitigen Negation des Bestehenden heraus und in eine gesunde Mitwirkung zu den Tagesfragen gelange. Ebenso wichtig ist es, das Verhältniss des Conservatismus zu den heute bestehenden Strömungen der Wissenschaft klarer zu beleuchten, als dies bis jetzt geschehen ist. Um diesen Preis möge man die abstractere Färbung des dritten Abschnittes, welcher jenen Strömungen angepasst ist, hinnehmen.

Die hier dargebotenen Betrachtungen erheben nicht den Anspruch auf Lösung dieser wichtigen und folgenschweren Aufgabe. Sie versuchen nur einen Weg zu bahnen, welcher zu einer fruchtbareren Formulirung des Conservatismus führen kann. Einigermassen erschöpfende theoretische Erörterungen aller wichtigen Zwischenfragen welche die reine Theorie mit der Praxis verbinden, hätten weit mehr Raum in Anspruch genommen, als sich der Verfasser vorgesteckt hatte. Das Bestreben, vorläufig nur einige Grundlinien zu ziehen, mag auch den Umstand erklären, dass von der Besprechung verwandter, wenn auch nicht identischer Richtungen Abstand genommen wurde. Diese Selbstbeschränkung erschien um so nöthiger, als nur zu häufig der Conservatismus, zum Schaden nach allen Richtungen, vollständig mit religiösen Bestrebungen identificirt wird. So seicht es wäre, die staatliche und geschichtliche Bedeutung der Religionen zu leugnen, so dringend nöthig erscheint es, vor der Vermengung von Politik und Religion sich zu hüten und die beiderseitigen Gebiete so viel als möglich abzugrenzen.

Aus der einschlägigen Literatur bot das in diesem Jahre erschienene Werk von Dr. Schäffle: „Bau und Leben des socialen Körpers" die meisten Berührungspunkte. Eine Vergleichung des zweiten Bandes dieses Werkes wird ergeben, dass unsere Darstellung auf selbstständigen Vorstudien und einer theilweise principiell verschiedenen Auffassung beruht.

Aus dem Inhalte dürfte sich ergeben, warum wir vorläufig unter der Bezeichnung „Adel" den alten historischen Adel zu verstehen genöthigt sind, welcher noch zum grossen Theile den Grossgrundbesitz bildet. Dass dieser Begriff nicht vollständig den wirklichen Verhältnissen entspricht, dürfte der Gesammtauffassung keinen wesentlichen Eintrag thun.

Endlich sei bemerkt, dass das Manuscript gegen Ende October dem Drucke übergeben, der Reindruck desselben durch anderweitige Verhinderungen des Verfassers etwas verzögert wurde. Sind daher manche der vorgetragenen Ansichten heute nach den vielfältigen öffentlichen Debatten dem Publikum etwas mundgerechter geworden, als früher, so schien dies kein Grund, dieselben aus dem Zusammenhange zu entfernen. Der offenbar zu Gunsten des vertretenen Standpunktes sich vollziehende Umschwung der öffentlichen Meinung darf wohl als Beweis für die Richtigkeit desselben gelten.

I.

Wer an die Einheit von Natur und Geschichte und folglich an eine Gesetzmässigkeit historischer Vorgänge glaubt, kann die jüngst aufgetauchten Klagen über die Erschlaffung und den daraus folgenden Untergang des alten Adels von vornherein nur sehr kühl aufnehmen. Selbst zugegeben, dass dabei eine Summe schätzenswerther Eigenthümlichkeiten vernichtet wird, müssen wir uns mit der Voraussetzung trösten, dass das Todesurtheil ein gerechtes war. Ebensowenig wie die Natur kennt die Geschichte Milderungsgründe für angeblich unverschuldetes Unglück. Ihr Massstab für die Werthschätzung von Ideen und Institutionen kann ja nur ein dynamischer sein. Nicht die Idee an sich entscheidet, sondern deren Umsetzung in lebendige Kraft, in fruchtbare Formen menschlicher Cooperation. Wird in einer Institution Kraft gebunden oder zersplittert, so vermag weder die Kunst der Staatsmänner, noch der wohlmeinende Appell an das historische Gefühl das stetig wachsende Deficit auszugleichen. In vergangenen Zeiten geleistete Dienste werden in solchen Fällen nicht einmal zu Gute gehalten, sie gereichen vielmehr zum Vorwurfe wegen des Contrastes mit der Jetztzeit. Ein kräftigeres Geschlecht bemächtigt sich der neuen Aufgaben, dringt in jede frei gewordene Lücke. So vollzieht sich unaufhaltsam auf allen Gebieten menschlicher Cultur jene segensreiche unaufhaltsame Evolution, in welcher abgelebte und unbrauchbare Elemente durch neue, den Verhältnissen besser angepasste Formen verdrängt werden.

Wenn sich unsere Gemeinwesen so wie Dampfmaschinen verhielten, deren abgenützte Theile ohne wesentliche Beschwerde durch frische ersetzt werden können, worauf die Thätigkeit sofort wieder beginnt, brauchten wir uns über das Endresultat dieses Naturprocesses nicht viel Sorge zu machen. Jede tiefer eindringende Betrachtung zeigt uns jedoch, dass alle Theile eines Volkes in einem innigen kaum zu trennenden Verbande stehen. Sie leben und sterben nicht bloss neben einander, sie denken, fühlen, arbeiten dergestalt in einander, dass in den meisten Fällen die Zerfaserung der Wirkungen individueller Thätigkeit und des Einflusses der Gesammtheit kaum gelingt. Man sagt, das Reisen bilde seinen Mann, aber in viel höherem Grade beeinflusst das Denken und Fühlen der Mitbürger die Thätigkeit jedes hoch oder niederbegabten Individuums. Wir ziehen desshalb unbedenklich aus den anscheinend individuellsten Leistungen in Literatur und Kunst Rückschlüsse auf die gesellschaftlichen Zustände, denen die Gedankenarbeit entsprang. Wir sind auch längst mit der Thatsache vertraut, dass die Blüthe und der Verfall jeder dieser Thätigkeiten im engsten Zusammenhange mit dem Gesammtbefinden der sie bestimmenden Menschengruppe stehe. Dieselbe Betrachtung drängt sich uns auf, wenn die Frage über das Gedeihen oder den Verfall gewisser Volksclassen aufgeworfen wird. Localisirte Krankheitssymptome können zur Beurtheilung des Gesundheitszustandes des gesammten Organismus führen. Sie verdienen daher in jedem Falle die Aufmerksamkeit des gewissenhaften Beobachters, der zwar kein Mitleid mit der verfallenden Kaste hat, aber desto mehr Rücksicht auf die Correlation aller Theile des staatlichen Organismus nimmt.

Blicken wir auf nicht lange verflossene Zeiten zurück, so finden wir den Adel der österreichischen Erbländer als energischen Vertreter des österreichischen Gedankens auf allen Gebieten des öffentlichen Dienstes. Der schwierige Process der österreichischen Staatenbildung fand seine fast ausschliessliche Durchführung durch die ersten Adelsgeschlechter, deren gesammte Traditionen auf die Betheiligung am Staats- und Kriegsdienste hinwiesen. Die Rücksicht auf den Erwerb konnte, wie in anderen Ländern, kaum vorwiegend sein, da die Besitzverhältnisse des österreichischen Adels im grossen Ganzen sehr günstige waren, und im Gegentheile Staats- und Militärdienst nicht selten die Vernachlässigung seiner Privatinteressen zur Folge hatten. Das Interesse an den Staatsaufgaben beschränkte sich jedoch nicht auf den officiellen Dienst, das ganze gesellschaftliche Leben war von demselben durchtränkt. Es wurde in den Salons unter eifriger Mitwirkung der Frauenwelt vielleicht noch gesündere Politik getrieben, als in den Kanzleien. Die Salons bildeten sehr lange eine Art von öffentlicher Meinung, welche um so einflussreicher sein musste, je mehr sie dem directen Einflusse der Regierung entrückt war. Wie immer man über die Vorzüge und Nachtheile der österreichischen Entwickelung denken mag, so viel steht fest, dass der Adel den gegebenen Verhältnissen gemäss thätig und im grossen Style in dieselbe eingegriffen hat, und dass demgemäss seine grosse Position niemals von der Bevölkerung bestritten, sondern als legitim erkämpft angesehen wurde.

An den geistigen Interessen nahmen adelige Corporationen und Individuen, bis tief in unser Jahrhundert herein, den regsten Antheil. Die an Mitteln und politischem Ansehen sehr herabgekommenen Provinzialstände hatten gleichwohl unermüdlich die Förderung wissenschaftlicher

Leistungen, die Verbesserung des Volksunterrichtes im Auge. Die höchsten Kreise der Gesellschaft waren durchaus nicht gleichgültig gegenüber den hervorragenden Erscheinungen des In- und Auslandes. War deren geistiger Standpunkt auch lange von italienischen und französischen Einflüssen beherrscht, so dürfen wir anderseits nicht vergessen, dass die Heroen und Bahnbrecher der deutschen Literatur vom Wiener Adel sehr früh vollauf gewürdigt und theilweise nicht unbedeutend gefördert wurden. Die grossen Denker und Schriftsteller des „Reiches" rühmten sich gerne ihrer anregenden und angenehmen Beziehungen mit den österreichischen Aristokraten. In den meisten Kronländern entstanden wissenschaftliche Gesellschaften und Anstalten, sowohl in diesem wie im vorigen Jahrhunderte unter der hochherzigen Initiative des Adels. Seine berühmten Paläste, sowie die kostbaren Sammlungen, wie sie in anderen Ländern vergebens im Privatbesitze gesucht werden, bezeugen klar ein andauerndes, gewissermassen durch Generationen fortgeerbtes Verständniss für bildende Kunst.

Wer könnte vollends vergessen, wie die specifisch österreichische Kunst, die Musik, ihre edelsten, unvergänglichen Blüthen in der grossartigen und liberalen Gastfreundschaft des Adels trieb. Gestehen wir es nur zu, dass eine Gesellschaft, in welcher die grossen Meister dieser Kunst nicht bloss sich producirten, sondern lebten, nicht jeder geistigen Bedeutung entbehren konnte. Dieselben erkannten es auch willig an, obwohl man Beethoven kaum einen höfischen Aristokratenfreund nennen kann. Das Verständniss für seine Schöpfungen eilte sogar in diesen Kreisen jenem der zünftigen Kritiker theilweise voraus.

Gegenüber den zahllosen tendenziösen Schilderungen des Wiener Lebens und der obersten Gesellschaftskreise desselben möge man sich an diesen Symptomen geistiger Kraft erfreuen, und bedenken, dass auch die Urtheile der am Wiener Congresse versammelten Staatsmänner aller europäischen Nationen nicht minder günstig in dieser Hinsicht lauten.

Man sagt uns nun, dies Alles habe sich gründlich geändert. Von dem Adel selbst gehen Cassandra-Rufe aus, welche seinen geistigen Verfall signalisiren und das geringere politische Gewicht desselben hieraus ableiten. In den höchsten Kreisen scheint man geradezu überrascht, wenn ein Mitglied des alten Adels etwas Gemeinnützliches leistet. Solche Bestrebungen begegnen von Seite der Standesgenossen einem gewissen Skepticismus, als ob es selbstverständlich wäre, dass eine gründliche Arbeit nur von Bürgerlichen zu erwarten sei, während der Adel, um mit Darwin zu sprechen, nur für die Freuden des Lebens durch natürliche Zuchtwahl vorgebildet sei. Weniger wunderbar ist es, wenn das Bürgerthum (im weitesten Sinne) in diese verderbliche Ansicht eingehend, die Arbeit als sein Monopol, den Adel als eine Art staatlicher Decoration, als Object der Ausbeutung auffasst.

Niemand vermag die relative Berechtigung solcher Klagen abzuleugnen. Das alte Sprichwort „Kein Rauch ohne Feuer" ist gewiss auch hier anwendbar. Wir möchten nur vor einseitigen Auffassungen der Sachlage warnen und der Ansicht, dass der „Verfall" noch nicht so entgiltig ausgesprochen sei, Geltung verschaffen. Was die ältere Generation anbelangt, muss jeder Unbefangene zugeben, dass dieselbe an allgemeiner Bildung und Humanität keiner der analogen Volksschichten Europas nachsteht und dass die alten Traditionen noch keineswegs verwischt sind. Eine grosse Anzahl von wissenschaftlichen und künstlerischen Leistungen verdankt ihre Entstehung der Initiative und der kräftigen Mitwirkung einzelner Mitglieder des alten Adels. Derselbe braucht sich seiner Rolle bei dem geistigen Aufschwunge der Hauptstadt durchaus nicht zu schämen, wenn es auch gleichsam Modesache geworden ist, dieselbe zu ignoriren! Auch in den Provinzen hat es bekanntlich keineswegs an opferwilligen Leistungen für solche Zwecke gefehlt. Das Ausland urtheilt hierüber in mancher Beziehung objectiver als das eigene Vaterland.

Bei den jüngeren Herren finden wir allerdings deutlichere Symptome von Erschlaffung. Weder der Staatsdienst, noch die diplomatische Carrière und der Militärdienst vermögen dem grössten Theil derselben ein tieferes Interesse einzuflössen. Sie werden vielleicht nicht von verderblichen Leidenschaften verzehrt, ermangeln aber meistentheils kräftiger Impulse zu hervorragenden Thaten. Man begnügt sich, die längst vorgezeichnete Bahn als *Gentleman* zu vollenden und die Pflichten als Familienvater *tant bien que mal* zu erfüllen. Leider ist auch die Vorliebe für Reisen viel spärlicher entwickelt, als dies früher der Fall war. Die gegenwärtig allgemeiner hervortretende Vorliebe für den Sport möchten wir dagegen für keinen Abweg von vornherein erklären. So viel Missbrauch mit demselben allerorten getrieben werden mag, muss doch die gesunde Grundlage desselben, die Ausbildung der körperlichen Geschicklichkeit, als berechtigt anerkannt werden. Das Beispiel Englands beweist, dass der Sport nicht in nothwendigem Gegensatz zur Erfüllung ernsterer Pflichten steht, da ja aus dieser Vorschule energischer Kräfteanspannung bedeutende Staatsmänner, kühne Reisende, sogar berühmte Gelehrte (Murchison u. s. w.) hervorgegangen sind.

Ungerecht sind die Vorwürfe, welche gegen die Damen der österreichischen Aristokratie erhoben wurden. Wohl selten findet man Vornehmheit des Wesens, Grazie und Liebenswürdigkeit mit der anspruchslosesten Anpassungsfähigkeit vereint, wie bei ihnen. Die gefeiertesten Comtessen folgen ihren Gatten willig und ohne

Murren zum einsamen Aufenthalt auf dem Lande; oder in die galizischen Cavalleriestationen; sie wissen die Pflichten der Geselligkeit mit jenen für ihre Familie trefflich zu vereinigen, sich mit den Interessen ihrer Männer vollständig zu assimiliren. Wer etwa glaubt, dies verstehe sich von selbst, möge die Ansprüche der höheren weiblichen Schichten in den „vorgeschrittenen" Ländern, etwa in Frankreich, England oder gar Amerika, studiren. Die Krise des Jahres 1873 hat die Schätze von standhaftem Heldenmuth, von edler Aufopferungsfähigkeit enthüllt, über welche die als so vergnügungslustig geschilderten Damen noch verfügen. In ihrer Bildung repräsentiren dieselben alle Eigenthümlichkeiten des süddeutschen Wesens. Lebendige Individualität und frische Empfänglichkeit finden wir häufig mit einer ungewöhnlichen Tüchtigkeit in Sprachen, Literatur und Kunst, zuweilen sogar mit wissenschaftlich-ernstem Streben vereint. Der Blaustrumpf kommt wohl selten vor; die weibliche Grazie und eine eigenthümliche geistige Anspruchslosigkeit verdecken desto öfter die erwähnten Vorzüge, welche erst bei längerem Verkehre hervortreten. Niemand wird wohl diese unbedingte Oberherrschaft des „ewig Weiblichen" tadeln. Man wird nun fragen, ob die „Rauchsalons" etc. auch zu den Emanationen des „ewig Weiblichen" gehören. Dagegen wird nur zu bemerken sein, dass die österreichische Aristokratie ebenso wenig wie jede andere nach einzelnen Typen, welche zudem in verschwindender Minorität auftreten, beurtheilt werden kann. Manche derselben finden übrigens ihre vollständige Erklärung in den Neigungen der Herren, denen gegenüber jene Concessionen eintreten. So viel ist sicher, dass ein ernsteres Männergeschlecht die ihm geistig ebenbürtigen Frauen des Adels nicht lange zu suchen haben wird.

Die ernsteren Beschäftigungen des Adels sind vorzugsweise auf die Verwaltung ihrer Güter gerichtet. Hatte doch die vielfältige Verwendung im Staatsdienste, der Aufenthalt in den Städten, der daselbst nothwendige oder für nöthig gehaltene Aufwand verbunden mit einer grossartigen aber liederlichen Beamtenwirthschaft auf den Gütern die materiellen Verhältnisse des Adels wesentlich verschlechtert.

Die radicale Umwälzung der Agrarverhältnisse, der Uebergang von der extensiven zur intensiven Wirthschaft, die Steigerung aller Gehalte mussten die rationellere Einrichtung der Administrationen unter persönlicher Mitwirkung des Besitzers bedingen. Niemand verkennt den hervorragenden Antheil des österreichischen Adels an dem Aufschwung der Landwirthschaft. Er hat die Nothwendigkeit, seine Güter durch Industrien zu verwerthen, im eigenen Interesse rasch begriffen, und ist der Bevölkerung mit gutem Beispiel vorangegangen. Noch mehr er hat dieselbe durch Errichtung von Versuchsanstalten und landwirthschaftlichen Schulen in grossherziger Weise unterstützt. Bekanntlich behauptet die österreichische Landwirthschaft in mancher Beziehung einen fast unbestrittenen Vorrang dem Auslande gegenüber, welcher in der hervorragenden Rolle der österreichischen Aussteller bei allen Gelegenheiten ihren Ausdruck findet. Es ist eine unter Fachmännern unbestrittene Thatsache, dass durch diese Thätigkeit der grosse Besitz heute einen bedeutend grösseren Brutto- und Netto-Ertrag abwirft, als der kleine Besitz. Dazu tritt noch der wohlthätige Einfluss des österreichischen, besonders aber des böhmischen Grossgrundbesitzers durch seine rationelle Forstwirthschaft. In Deutschland und anderen Ländern verrichtet der Staat als Domänenbesitzer die so wichtige Culturmission einer Schonung und zweckmässigen Ausbeutung der grossen Waldbestände. In Oesterreich, welches seine Domänen, mit Ausnahme des unproductiven Salzkammergutes, leider vorschnell verkauft hat, wird dieser Ausfall gedeckt durch den grossen Grundbesitz, welcher durch Anwendung der bewährtesten Erfahrungsresultate in der Lage ist, seine grossen Wälder in ungeschmälertem Zustande den Nachkommen zu überliefern.

Die zum Theil sehr erfolgreiche Thätigkeit einzelner Mitglieder des Adels auf dem Gebiete der Grossindustrie, bei der Gründung und Verwaltung grosser Actienunternehmungen u. s. w. ist so bekannt, dass eine weitläufigere Besprechung derselben überflüssig erscheint. So lobenswerth diese Thätigkeit, so ehrenvoll ein mittelst Arbeit und Kenntnissen erworbener Gewinn ist, so bedenklich erschiene eine glücklicher Weise bisher in sehr enge Grenzen gebannte Anwendung des Börsenspiels als Erwerbsmittel. Damit soll weniger die vorkrachliche Bewegung getroffen werden, welche allerdings zuletzt in den reinsten Börsenschwindel ausartete, anfänglich jedoch eine in gewissem Sinne berechtigte Einführung und Erweiterung der Actien-Association bezweckte. Jedermann, Regierung wie Private, täuschten sich über die industrielle Triebkraft derselben. Nur sollten die gemachten Erfahrungen künftig berücksichtigt werden. Speciell der Adel kann daraus goldene Lehren ziehen, dass Arbeit, Kenntniss und Capital wieder in ihre früheren Rechte eingesetzt wurden, gegenüber der Ausbeutung des Zufalls durch blosse Geschicklichkeit. Er kann in den seltensten Fällen mit den für diese Thätigkeit durch Generationen vorgebildeten Volksclassen concurriren. Nicht einmal seine Vermögensverhältnisse eignen sich für diesen vermöge mobilen Capitals ausgefochtenen Kampf. Man vergleiche nur die Operationscredite eines Gutsbesitzers und eines Capitalisten von ungefähr gleichem Vermögen. Nun ist überdiess die Gefahr für den Cavalier weit grösser, als für den eigentlichen Geschäftsmann. Der erstere kann wegen mangelnder Kenntniss nur selten einen selbstständigen Einblick in die Geschäfte nehmen. Das Gefühl von Zusammengehörigkeit, welches sich immer aus dem gleichen Berufe ergibt, tritt bei der Association von differenten Elementen ebenfalls sehr stark zum Nachtheile des Adels hervor. In unglücklichen Conjuncturen findet der letztere aus verschiedenen Gründen geringeres Entgegenkommen von Seite der Gläubiger, welche den Geschäftsmann in ihrem eigenen Interesse so lange als möglich über dem Wasser erhalten müssen. Der in guten Zeiten mitschmarotzende Dilettant vermag sehr selten im ungünstigen Falle die geringste Gewähr für eine solide Erwerbsfähigkeit zu bieten. Die Anforderungen zur Aufrechterhaltung seiner standesgemässen Existenz können natürlich bei seinem Gläubiger nur selten Berücksichtigung erfahren. Aus diesen natürlichen und unanfechtbaren Prämissen ergibt sich zur Evidenz, dass das industrielle Kampfgebiet unter gewöhnlichen Verhältnissen dem Adel äusserst gefährlich ist. Will er es betreten, so bedarf er der sorgfältigsten Vorbildung für dasselbe. Wir möchten kaum bezweifeln, dass die Krise von 1873 gerade die minder wohlhabende Kategorie des Adels weit nachhaltiger geschädigt hat, als die nur halbwegs arbeitsfähigen Geschäftsleute, welche, trotz der beispiellosen Ausdehnung der Krise, doch die Aussicht auf die Zukunft offen behalten haben. Die meisten derselben werden sich erholen, während die wahren Folgen des Jahres 1873 für den Adel erst in der nächsten Generation zur Evidenz kommen dürften.

Das moralische Element dürfen wir nicht ganz unberührt lassen.

Werthschätzung der Arbeit unter den verschiedensten Formen ist unbedingt eines der höchsten Postulate unserer Cultur, welches für alle Stände und Berufsclassen in gleichem Maasse gilt. Die Tendenz dagegen, ohne eigentliche Arbeit die Mittel zu einem luxuriösen Leben zu erwerben, ist nicht bloss gefährlich, sie gilt überall als sicheres Zeichen des Verfalles, am meisten aber bei den im

Schweisse ihres Angesichts arbeitenden Volksclassen. Die Verbreitung solcher nachtheiligen Ansichten über eine hervorragende Menschengruppe sind derselben allezeit gefährlich gewesen, jedoch niemals in solchem Grade als in unserer Zeit, wo Jedermann das Recht hat, die Lebensfähigkeit von Staaten, Classen, Individuen zu discutiren.

II.

Unter den zahlreichen Lehren, welche wir aus einem vergleichenden Studium der Geschichte ziehen können, ist eine der eindringlichsten jene, dass weder individuelle Ausbildung des Geistes, noch sorgsame Verwaltung des Patrimoniums auf die Dauer eine Menschenclasse vor dem politischen Verfalle zu schützen im Stande sind. Der französische Adel des vorigen Jahrhunderts stand in intellectueller Beziehung vollständig auf der Höhe der Zeit, er verkehrte mit Vorliebe mit den auserlesensten Geistern der Nation. Seine Bildung setzte sich jedoch in Genusssucht und Skepticismus um, nicht in fruchtbare Arbeit. Der Satz „Wissenschaft ist Macht" bezieht sich eben auf jenes Wechselverhältniss zwischen Wissen und That; er bezeichnet treffend den Gesichtspunkt nach welchem ein Gemeinwesen geistige Bestrebungen beurtheilen muss.

Pseudo-conservative Organe pflegen rühmend die Vortheile hervorzuheben, welche der Grundbesitz gegenüber der reinen Plutokratie dem Staate gewährt. Dabei wird jedoch consequent übersehen, dass der Grossgrundbesitz sich ebenso plutokratisch ausbilden kann, wie der mobile Besitz. Gehen doch die verschiedenen Formen des Besitzes nachweislich fortwährend in einander über. Die Gefahren einer einseitigen Ausbildung bestehen ganz gleichmässig für alle Besitzformen, gleichgiltig, ob deren Träger 64, 4 oder gar keine adeligen Ahnen aufweisen. Nur die energische und hingebende Theilnahme an allen öffentlichen Angelegenheiten kann den Grossgrundbesitz vor dem in gewissem Sinne verhängnissvollen Vorwurfe plutokratischer Tendenz bewahren. Nur solche Thätigkeit erhält den lebendigen Zusammenhang mit den übrigen Volksschichten, welchen die Ungleichheit der Lebensbedingungen immer aufzuheben droht; sie bildet eben eine gesunde Ausgleichung der auf ungleichen Besitz gegründeten Gegensätze. Es liegt im wohlverstandenen Interesse der Aristokratie, sich jenen Zusammenhang um keinen Preis entreissen zu lassen, während wiederum deren Gegner in richtiger Würdigung der einschlägigen Momente alles aufbieten werden, den Adel aus allen Gebieten höherer politischer Thätigkeit zu verdrängen, und auf das egoistische Princip der Selbsterhaltung einzuschränken, weil sie wohl wissen, dass ihm dadurch die mächtigste Stütze des socialen Wettkampfes, die moralische Werthschätzung der Bevölkerung entzogen wird. Leider haben die Regierungen dieses Bestreben meistens unterstützt, wohl auch durch äusserliche Auszeichnung des Geburtsadels gewissermassen verdeckt. Die unausbleibliche Folge war dann bekanntlich immer der Ruin des privilegirten Standes. Wenn derselbe ein gleiches Schicksal vermeiden will, bleibt ihm nichts übrig, als frisch und muthig die Arena des Kampfes zu betreten, und sich von Angesicht zu Angesicht mit seinen Gegnern zu messen.

Eine kurze Recapitulation unserer politischen Peripetien der letzten Jahre verfolgt nicht den Zweck, durch eine nachträgliche Kritik billige Lorbeeren zu erwerben. Wir können dieselbe nicht umgehen, wenn es sich um die Frage handelt, inwiefern der Adel seiner Aufgabe politische Macht zu erringen und zu erhalten, nachgekommen ist. Da wir eine Kraft nur an ihrem Nutzeffect abschätzen können, muss die Leistung des Adels als politische Partei bei den Entwicklungskämpfen Oesterreichs ein wesentliches Hilfsmittel zur Beantwortung unserer Frage abgeben. In der Zusammenstellung längst bekannter Thatsachen könnte aber noch ein anderer Vortheil liegen, auf den wir nicht gerne verzichten möchten — die Ueberzeugung von der Nothwendigkeit der stattgefundenen Entwicklung, welche selbst denkenden Politikern nur zu oft mangelt. In letzterem Falle muss freilich jedes auf geschichtliche Thatsache gegründete Raisonnement an Beweiskraft einbüssen. Glücklicherweise ist in unserem Falle der Zusammenhang der Ereignisse so klar, dass auch der verstockteste Zweifler ihn kaum verkennen wird.

Man kann durchaus nicht behaupten, dass der Adel der Weiterentwickelung Oesterreichs von vornherein gleichgültig zugesehen hat. Gaben doch die Stände von Böhmen, Mähren, Niederösterreich schon im Jahre 1845 das Signal zur Abwehr des immer steigenden Bureaukratismus und zu einer zeitgemässen Erweiterung der ständischen Vertretungskörper, wenn auch die Ansichten über die Mittel der Reform durchaus ungeklärt waren. Allerdings war ein grosser Theil des in Wien domicilirenden Adels unter dem Metternich'schen Regimente in ein selten gestörtes Schlummerleben verfallen. Man lebte dem gewohnten Vergnügen und allenfalls den ohnedies nicht so geringen Sorgen um die sociale Stellung seiner Familie. Die tüchtigeren Individuen gehörten überdies in weit grösserer Anzahl als heute der Regierung und der Armee an. Diese beiden Factoren waren erfüllt von den Traditionen einer grossen historischen Epoche, in welcher Oesterreich nach furchtbaren Gefahren mit vermehrter Machtstellung nach aussen hin hervorgegangen war. Dieselbe beruhte wesentlich auf einer überaus fähigen Verwerthung des Princips höherer Solidarität der europäischen Grossmächte, welches aus den Kämpfen gegen Frankreichs Uebermacht hervorgewachsen war. Es war der höchste Triumph des Conservatismus über die Revolution. Nichts war natürlicher, als dass die Schüler noch fester an das System glaubten, als der Meister und dessen geistig ebenbürtige Räthe, welche bekanntlich in die Zukunft mit grosser Unruhe sahen. Während die Beamtenwelt um die Wette die Verschärfung ihrer Gewalten anstrebte, trat in den peripherischen Theilen des Reiches jene oben erwähnte Reaction ein, welche eine adelige genannt werden kann. So wohlgemeint diese Bestrebungen waren, so kamen sie zu spät, sie wirkten viel zu ungleich, um das gegnerische einheitliche System von Grund aus der Reform zuzudrängen. Bei der unter dem Eindrucke der Februarrevolution in Deutschland und Oesterreich aufwallenden Bewegung von 1848 wurde den Urhebern derselben kein Dank von beiden Seiten zu Theil.

Die unleugbar bedeutenden materiellen und geistigen Fortschritte der Schwarzenberg'schen und Bach'schen Periode blieben bekanntlich unverwerthet in politischer Beziehung. Der Druck einer rücksichtslosen, durch keinerlei feste Principien geleisteten Verwaltung wurde in den Provinzen weit stärker empfunden als in der Hauptstadt. Obwohl der Adel sowohl vor als nach dem Jahre 1848 eine unbegrenzte Loyalität bewiesen hatte, und sich eigentlich der Gentz'schen Maxime gemäss, unter die Räder des durchgehenden Staatswagens geworfen hatte, musste er als Sündenbock dienen und dem unpopulären Systeme Gelegenheit zur Erwerbung billiger Lorbeeren bieten. Statt einer Betheiligung am öffentlichen Leben bot man den österreichischen Völkern die Gleichheit — gegenüber dem Gendarmen. Bevorzugung der Bürger und Bauern war eines der Losungsworte der Beamtenwelt;

viele sprachen es offen aus, dass, so lange die „Herren" noch mit vier Pferden führen, keine feste Autorität zu schaffen sei. Die Discussion von politischen Fragen war den Journalen so gut wie verboten, dagegen erlaubte man ihnen rücksichtslose Angriffe gegen den Stand als solchen, wie gegen die einzelnen Individuen. Herr v. Bach hintertrieb fortwährend die Verwendung von anerkannt tüchtigen Kräften aus adeligen Kreisen, schob dagegen eine Schaar von bürgerlichen Nullitäten in die höchsten Posten, für welche dieselben kaum vorbereitet waren. Der Adel selbst nahm dies Alles ziemlich gleichgültig hin, nur in Ungarn wurde dagegen reagirt. In Wien mangelte jedes corporative Bewusstsein. Man freute sich daselbst sogar über die Massregelung der ungarischen Standesgenossen durch Schwarzenberg und Bach, und versöhnte sich mit dem Absolutismus um den Preis der socialen Ehrenrechte, welche Schwarzenberg noch glücklicher Weise dem Stande gerettet hatte. Eine gesunde Thätigkeit richtete sich damals nur auf materielle Ziele, zu welchen der Adel durch Gründung von Landwirthschaftsgesellschaften u. s. w. thätig mitwirkte.

Draussen im Reiche war die deutsch-nationale Bewegung vom Jahre 1848 im Sande verlaufen, aber nicht ohne tiefe Spuren in den Gemüthern zurückzulassen. Jedermann war überzeugt, dass die nächste äussere Verwicklung den ersehnten engeren politischen Zusammenhang dem deutschen Volke bringen werde. Welche Form derselbe annehmen würde, liess sich freilich unmöglich vorhersagen. Viele durch und durch conservative Männer dachten sogar an eine deutsche Republik. Bei den treuesten Freunden Oesterreichs verschwand dagegen der Glaube an die deutsche Mission des Kaiserstaats. Immer deutlicher traten die Entwicklungsbahnen von Oesterreich und Deutschland auseinander. Die bereits unter Metternich besprochene wirkliche Trennung wurde von vielen österreichischen und deutschen Politikern mehr gewünscht als gefürchtet, wenn auch die officiellen Beziehungen und Reibungen sogar grösser und mannigfaltiger waren als früher, und das Ministerium Bach den grössten Werth auf die Fortdauer des alten Verhältnisses zu legen schien. Für Oesterreich knüpfte sich freilich daran sofort die schwierige Frage, wie seine deutschen Provinzen eine derartige Veränderung aufnehmen würden.

Anderseits konnte man bei den damaligen Verhältnissen, in denen die Bezeichnung „Deutscher" in dem grössten Theile des Reiches geradezu zum Schimpfwort geworden war, kaum zweifeln, dass der erlauchten, von allen Völkern immer verehrten Dynastie durch die Abstreifung eines specifisch deutschen Charakters der grösste Machtzuwachs zufliessen müsste. Die Versöhnung der heterogenen Elemente konnte naturgemäss nur dadurch erfolgen, dass die agressive deutsch-liberale Minorität ihre Suprematiegelüste gegenüber den übrigen Nationalitäten entschieden aufgab.

Diese Gesichtspunkte bestimmten zweifelsohne die Operationsbasis für eine conservative Partei, deren Gründung sofort nach dem Zusammenbruche des Bach'schen Systems in Angriff genommen wurde. Dieselbe war hauptsächlich jedoch durchaus nicht ausschliesslich von böhmischen und mährischen Grossgrundbesitzern gebildet, welchen nach ihrer materiellen und socialen Stellung die Führerschaft des österreichischen Adels in allen solchen Fällen mit Fug und Recht zufällt. Uebrigens war sie durchaus nicht kastenmässig angelegt.

Das Programm, datirt vom 1. Januar 1860, kündigt allen Formen des Liberalismus den Kampf an, welche aus der Revolution entstanden sind und nur wiederum zur Revolution führen können. Es verlangt den Schutz und die Weiterentwickelung aller historisch gegebener socialer, nationaler, religiöser Zusammenhänge gegenüber der Omnipotenz des Staates. Die theoretische Fassung war übrigens sehr allgemein gehalten, wohl in der Absicht, möglichst viele verwandte Richtungen zu versöhnen, und die Einzelnheiten den späteren Verhandlungen zu überlassen. Bedenklicher als die dadurch bedingte Anhäufung leerer conservativer Formeln muss die rücksichtslose Verdammung des Parlamentarismus erscheinen, da gerade der historische Standpunkt dem ungarischen Adel das unbedingte Festhalten an dessen Verfassung gebot. Das Programm wurde dadurch conservativ für die eine, radical für die andere Hälfte des Reiches. Es hätte sich nur ausführen lassen, wenn man in Ungarn nach der Bach'schen Weise, gestützt auf die nicht magyarischen Nationalitäten fortregiert hätte; dies waren aber verhängnissvolle Consequenzen eines conservativen Systems.

Diesen Erwägungen entsprang ein Compromiss des Grafen A. Szecsen (30. Juli 1860) auf dem verstärkten Reichsrathe, welcher zum bekannten Majoritätsvotum führte (27. September 1860). Der Begriff der „historischpolitischen Individualität" bildete immerhin einen kräftigen Fortschritt in der conservativen Anschauung. Auf demselben beruhte das Staatsgrundgesetz vom 20. October, welches in selten glücklicher Weise die verschiedensten Ansprüche ins Gleichgewicht setzte, und jedem derselben Ansatzpunkte für künftige Evolutionen darbot. Die Provinzen erhielten ihre ersehnte Autonomie, der Anhänger der Reichseinheit brauchte dagegen nicht zu verzweifeln, denn es hing eben von den Verhältnissen ab, wie sich der allerdings mehr als schwächlich ausgestattete Reichsrath entwickelte. Es war sicherlich keine Constitution, welche hier verliehen wurde, aber der Uebergang zu einer solchen. Mochte der Weg, welcher zu einer Gesammtvertretung führte, noch so schwierig sein, so war dennoch in der Stetigkeit der Uebergänge eine Gewähr für deren schliessliche allseitige Anerkennung gegeben. Für den Mangel an Befriedigung liberal-doctrinärer Postulate durfte man sich durch die mögliche Verknüpfung der grossen südslavischen Gruppe mit dem Reiche für den Augenblick vollkommen entschädigt halten. War es auch vielleicht nicht die beste Lösung des so verwickelten Problems, so war es doch eine mögliche Lösung.

Das Schicksal des Octoberdiploms beweist auf das eindringlichste, dass auch der Gedanke des Rechts nur eine formale Bedeutung besitzt, wenn er nicht von den im Staate vorhandenen lebendigen Kräften getragen ist. Die praktische Durchführung desselben, die Gerechtigkeit, bedarf der denkbarst stärksten Stützpunkte, weil sie möglicher Weise allen Theilen unbequem ist. Das Octoberdiplom war eine geistreiche theoretische Construction, welche den thatsächlichen Verhältnissen weit vorauseilte. Für den Moment befriedigte dasselbe keine Partei, weder die liberale Schule, noch die Ungarn und was für uns das wichtigste ist, nicht einmal die Conservativen. Der Bruch des absoluten Systems hatte jede Partei mit den ausschweifendsten Hoffnungen erfüllt. Jede derselben wollte herrschen, keine sich anpassen. Die anmassendsten Ansprüche trugen das loyalste Gewand; jede Partei versprach, das Reich zu retten, wenn man sie nur gewähren lasse.

Es war klar, dass hier nur jene Partei siegen würde, welche mit kluger Umsicht am schnellsten die immer reichlich vorhandenen staatsfreundlichen Elemente unter ihr Panier zu sammeln vermöchte. Diese Rolle hat aber die conservative Partei durchaus nicht verstanden. Sie brachte nicht einmal Compromisse mit den verschiedenen conservativen Fractionen zu Stande, viel weniger mit der Bureaukratie, welche doch bei jeder Regierungsform eine so wesentliche Rolle spielte. Die guten Elemente derselben waren ja gerne bereit, sich mit dem Adel zur gemeinsamen Action zu verbinden. In diesem so wichtigen Momente überwog aber der doctrinäre Hass gegen den Liberalismus, der Neid gegen die Ungarn. Man zog es vor, sich in die uneinnehmbare Position provinzieller Ansprüche zu befestigen, und gerieth dadurch in das bekannte Verhältniss zu den nationalen Parteien. Diese verfehlte Taktik, wozu noch die Wahl einer zur Versöhnung vollkommen unpassenden den Verhältnissen fremden Persönlichkeit, des Grafen Goluchowski, trat, vernichtete jede Aussicht auf Durchführung des Octoberdiploms. Die ganze Art, wie dasselbe stückweise dem Publikum vorgeführt wurde, bewies die Unsicherheit und innere Verfahrenheit der Regierung. Das böhmische Landesstatut wagte man nicht mehr zu veröffentlichen. So vernichteten die Conservativen ihr eigenes Werk. Die conservative Auffassung fand keine der Situation einigermassen gewachsene Politiker und musste desswegen das Feld räumen.

Man kann sich nicht wundern, dass der Liberalismus sich zunächst an den Absolutismus anlehnte. Die Februarverfassung war nichts anderes als das alte unter neuer Decoration aufgeführte Schauspiel desselben. Die Abgrenzung der Befugnisse, die Hilfsmittel eine Art Vertretung der Provinzen zu schaffen, sind geradezu kläglich zu nennen. Aber diese theoretische Schwäche des österreichischen Liberalismus ist der schneidendste Vorwurf für die conservative Partei, denn sie beweist die dringendste Gefahr, in welcher sich Oesterreich damals befand. Wenn ein solches Machwerk, auf welches die Schöpfer desselben selbst kaum vertrauten, sich in dem Sturme der Zeiten behaupten konnte, so mussten die conservativen Parteien in ihrer Rechnung doch auf wesentliche Factoren vergessen haben. Dieser Factor war aber das österreichische

Staatsbewusstsein, welches an dem schwächsten aller Stäbe mühsam emporrankte. Die Nothwendigkeit vor Allem andern das Gefühl untrennbaren Zusammenhanges zum politischen Ausdruck zu bringen, sammelte schnell Vertreter aller Stände und Berufsarten zu einer wahrhaft gesunden politischen Partei. Mehr hat die Februarverfassung nicht geleistet. Die Personen, welche dieses Instrument handhabten, waren nichts weniger als bedeutende Menschen; dass sie gewissermassen wider ihren Willen zum Eckstein der österreichischen Entwicklung wurden, beweist eben das Uebergewicht des Causalgesetzes bei historischen Vorgängen. Im Gegensatze zu den conservativen Theoretikern nannten sie sich mit Vorliebe die Praktiker, deren Weisheit, wie Disraeli treffend bemerkt, in der Wiederholung der Fehler ihrer Vorgänger besteht. Man dachte durchaus nicht daran, den durch Baron Hübner vorgezeigten, wirklich „praktischen" Weg der Unterhandlungen mit Ungarn, welche durchaus nicht erfolglos schienen, weiter zu verfolgen. Das Ministerium richtete sich so behaglich als möglich auf dem neugeschaffenen Standpunkte ein, indem es vor Allem den Grundsatz aufstellte, wer an der Reichsverfassung Antheil nehmen wolle, möge sich melden, gesucht würde Niemand. Unter der Hand vernahm man öfters, die Vervollständigung der Vertretung sei dermalen nicht im Interesse der Reichspartei gelegen. Diese letztere war jedoch durchaus nicht dieser Ansicht, wie ihre Adresse vom 6. December 1864 beweist. Die ministerielle Auffassung von den constitutionellen Befugnissen erwies sich auch sonst so bedenklich, dass ernste Differenzen nicht ausbleiben konnten. Der Schöpfer des Parlamentarismus gab sogar dem Zweifel öffentlich Raum, ob ein derartiges Regiment in Oesterreich überhaupt möglich sei.

Es war somit nicht blos die Gesammtvertretung eine Fiction, sondern auch das politische Machtbewusstsein des Constitutionalismus so gering, dass der Versuch, vermittelst kaiserlichen Mandats auf dem Wege züglicher Unterhandlung, mit Unterstützung streng loyaler altconservativer Elemente, die Theilnahme der Ungarn zum Verfassungswerke zu erlangen, vollkommen gerechtfertigt war. Diese vom Grafen Belcredi mit opfermüthiger Hingebung unternommene Aufgabe, welche entschieden die weitaus grösste Anzahl der Urtheilsfähigen für sich hatte, scheiterte an der Katastrophe von Königgrätz. Nur ein starker Unterhändler konnte etwas erreichen. Für den Moment wenigstens war die Staatsautorität vollkommen geschwächt. Auch die Sistirung trug nicht die Früchte, welche man sich versprochen hatte. Die nationalen Parteien wurden durch dieselbe nicht versöhnt, sondern zu neuen Ansprüchen ermuntert. Dazu kam die erbitterte Opposition der gewissermassen neu auflebenden centralistischen Partei. Unter diesen Umständen erfolgte - mit mechanischer Nothwendigkeit das Gegentheil von dem was man wollte. Die ungarischen Altconservativen traten zurück, die Deakpartei nützte die Situation so vollständig aus, wie es nur möglich war. Erst nach Genehmigung der 48er Verfassung in ihrem vollen Umfange wurde an eine weitläufige Berathung der gemeinsamen Angelegenheiten gedacht. Der wohlwollende Unterhändler gerieth in das schärfste Kreuzfeuer der hadernden Parteien, er hatte keine für sich. Schliesslich verständigten sich unter der Führung des Baron Beust, „des ehrlichen Maklers" die liberalen Parteien beider Hälften. Statt dass Ungarn dem Gesammtreiche, wurde das Reich Ungarn angepasst.

Offenbar war es Aufgabe der conservativen Partei, das Ministerium Belcredi mit Aufgebot aller Kräfte zu stützen. Es war ja ihr Ministerium. Die geistig demselben nahe stehende Partei musste daher selbst die nöthigen Compromisse mit der Verfassungspartei, mit den Polen und Czechen in die Hand nehmen, um möglichst schnell den Ungarn in geschlossener Machtstellung gegenübertreten zu können. Eine Verständigung wünschten im Grunde beide Theile, vor Allem die Partei des Grafen Clam-Martinitz. Die gemässigten Elemente der Verfassungspartei selbst forderten eine angemessene Fortbildung der Februarverfassung, wie eine bekannte Aeusserung des Herrn v. Kaiserfeld vom Grazer Landtage im December 1866 beweist. Sie fühlten nur zu gut, dass sie nicht die Macht hatten, hartnäckig auf ihrem Scheine zu bestehen. Der Conservatismus hatte hier Gelegenheit, sich nach jeder Richtung nützlich zu machen. Leider wurde alles dieses unausführbar, da der Ausgang des Krieges dem widerhaarigsten aller Staatsglieder so starke Waffen zur siegreichen Feststellung seiner Ansprüche in die Hand drückte. Dazu kam noch, dass man sich nicht entschliessen konnte, die Discussion der staatsrechtlichen Stellung Böhmens, welche ja für die Conservativen eingestandenermassen nur einen theoretischen Werth besass, fallen zu lassen. Die Cavaliere, welche dadurch dem Reiche ferner zu stehen schienen, holten damit einfach den Nationalen die Kastanien aus dem Feuer. Die Nuancen zwischen beiden Auffassungen mussten sich immer mehr in der Praxis verwischen. Diese unnatürliche Gruppirung heterogener Elemente legalisirte wiederum die Ungerechtigkeiten der Schmerling'schen Wahlordnungen, da jede Partei ihre Waffen denen des Gegners anzupassen sucht. Eine im nationalen Sinne gerechte Wahlordnung ist eben nur möglich, wenn der conservative Grossgrundbesitz seiner historischen Stellung gemäss den Standpunkt des Reiches vertritt. Im entgegengesetzten Falle wird immer eine desto energischere und gewaltthätigere Reaction des Centralismus und nach dem Sprichwort *duobus litigantibus tertius gaudet* ein desto drückenderes Uebergewicht der Ungarn gegenüber der anderen Reichshälfte erfolgen.

So schöpften denn die Liberalen gerade aus der Sistirung die grösste offensive Stärkung. Die Leistungen des Ministeriums Giskra in der Richtung des Dualismus und des Liberalismus sind der sprechende Ausdruck eines bedeutenden moralischen Machtzuwachses. Ebenso auffallend ist die Thatsache, dass die liberale Partei von nun an ein specifisch deutsches Gepräge an sich trägt. Früher war die deutsch-österreichische Bevölkerung weder national, noch ausschliesslich centralistisch gewesen. Die österreichischen Deputirten in Frankfurt 1848 hatten den Zusammenhang mit Deutschland gegenüber der österreichischen Staatsidee sehr lau genommen. Noch bei Gelegenheit der schleswig-holsteinschen Action im Jahre 1864 ist von keinem einzigen Landtage eine Demonstration für die deutsche Sache in den Herzogthümern erfolgt, sondern lediglich Anerkennung der tapferen Armee, was in Deutschland sogar auffiel. Die Kaiserreise nach Frankfurt hatte mit der deutschen Nationalidee keine innere Verwandtschaft. Erst vom Jahre 1867 finden wir österreichische Kundgebungen, in welcher ein geistiger Zusammenhang mit der deutschen Nationalität betont wird. Die Liberalen wurden auf diese Kampfesweise hingedrängt, da rings um sie herum nationales Feldgeschrei ertönte. So waren denn alle politischen Parteien Cisleithaniens glücklich auf einem Boden angelangt, auf welchem es keine Transaction gibt, und nur das Recht des Stärkeren entscheidet. Die Deutsch-liberalen waren aber entschieden nicht die stärkeren. Der Reichsrath war nur durch Abmachungen mit den Polen u. s. w. zu Stande gekommen, welche nun realisirt werden sollten. Dies schien nur möglich, wenn gleichzeitig die Centralvertretung durch directe Wahlen vor allen Eventualitäten sicher gestellt war. An dieser grossen Frage spaltete sich das Ministerium. Die Demission der ausgleichsfreundlichen Minorität desselben, die vorläufige Ablehnung der galizischen

Resolution, führten zum Austritt der Polen, Slovenen, Triester, Bukowiner und in weiterer Consequenz zur Wiederaufnahme des föderalen Programms.

Die Polen hatten das Bürgerministerium gestürzt und wurden demgemäss mit der Aufgabe betraut, den Ausgleich auszuführen. Die Ernennung des Grafen Potocki datirt vom 12. April 1870. Am 18. Mai kehrte derselbe bereits ohne jedes Resultat von Prag zurück. Die am 17. November vor dem Herrenhause abgegebene Erklärung dieses hochsinnigen Patrioten trägt geradezu eine tragische Färbung. Das föderale Programm hatte, Dank czechischer Anregung, eine stete Erweiterung erfahren. Das Princip der „historisch politischen Individualität" wurde je nach Bedürfniss benützt oder verleugnet, der nationale Standpunkt erschien in seinem wahren Lichte als Mittel der Agression, nicht der Defensive. Die Böhmen verlangten einen böhmisch-mährisch-schlesischen Staat, die Südtiroler die Abtretung von Wälschtirol, die Polen die Annexion der Bukowina, die Slovenen ein neues Kronland, und zwar die letzteren in Ermangelung besserer Argumente, wegen der preussischen Eroberungspolitik!

Es darf nicht übersehen werden, wie im Laufe dieses in der Geschichte einzig dastehenden Entwicklungskampfes der Reihe nach alle wesentlichen Componenten des Föderalismus von der Krone in bewunderungswürdiger Objectivität zur Durchführung des heissersehnten „Ausgleichs" herangezogen wurden. Der böhmische Adel unter Belcredi, das Polenthum unter Potocki, endlich der Czechismus unter dem Ministerium Hohenwart. Historisch ist die letztgenannte Combination gewiss die interessanteste. Nicht zufällig, sondern aus innerstem Herzensbedürfniss fanden sich hier durchwegs bedeutende Männer zusammen, kein österreichisches Ministerium hat jemals das volle grundsätzliche Einverständniss seiner Mitglieder so kräftig betont, wie dieses. Niemals wurden dem föderalistischen Gedanken stärkere geistige Waffen verliehen und mit grösserer Entschlossenheit die letzten Consequenzen derselben gezogen.

Der meisterhaft eingeleitete Feldzug gegen die Februarverfassung führte sofort zum vollständigen Siege Hohenwarts. Die Verfassungspartei wurde in kurzer Zeit und ohne grosse Anstrengung gesprengt, die Majorität, nicht bloss im bestehenden Reichsrath erkämpft, sondern auch durch geschickte Leitung der Landtagswahlen derartig verstärkt, dass die gesetzlich erforderliche Zweidrittel-Majorität für den constituirenden Reichrath gesichert erschien. Ein Vorwurf wegen Verfassungsbruches war unmöglich. Darauf folgte sogleich der Ausgleich mit Galizien, und endlich das „Plevna" der politischen Situation, die Formulirung der böhmischen Fundamentalartikel, deren Inhalt sofort von den Tirolern, Mährern, Slovenen acceptirt wird. Vergessen wir nicht auf das Nationalitätengesetz. Formell war der Sieg somit bereits gewonnen, als — die Seifenblase sprang.

Das abermalige Scheitern des föderalen Gedankens war weder durch persönliche Intriguen und Verrähereien allein bedingt, noch durch die energische, man kann sagen verzweifelte Opposition der deutschen Bevölkerung. Der Hauptgrund lag vielmehr in dem geringen politischen Werthe der Fundamentalartikel. Dieselben vertrugen keine ernste Discussion; ihr Bekanntwerden musste unfehlbar den Sturz der unglücklichen Unterhändler herbeiführen, welche nichts Besseres von der czechischen Opposition hatten erreichen können, so gut und berechtigt auch sonst vielleicht ihre Absichten gewesen waren. Dr. Schäffle versicherte zwar, die „Einheit im Nothwendigen" wäre gesichert gewesen und durch den von den Gegnern hintertriebenen Ausgleichs-Reichsrath keinesfalls unter das Ausmass der böhmischen Fundamentalartikel gekommen. Er hat sich aber wohlweislich gehütet, die politischen Factoren anzugeben, durch welche diese Einheit in dem künftigen Oesterreich gewährleistet war. Allerdings hatte die „Centralgewalt" im Militärwesen und in Verkehrsinstitutionen aller Art eine viel unbedingtere Competenz, als sie selbst heute dem Kaiser und Reich in Deutschland zusteht". Dieser von Schäffle angezogene Vergleich reicht jedoch offenbar nicht hin, um ihn von dem Vorwurfe, dass er das österreichische Interesse vernachlässigt habe, rein zu waschen. Denn die staatliche Einheit Deutschlands ist eben heute nichts weniger als sichergestellt, und höchstens in der faktischen Einheit der Nationalität einigermassen geschützt, welche eben in Oesterreich nicht vorhanden ist. Die politische Triebkraft „des eigenthümlichen Supplementes der Reichseinheit", die Thatsache nämlich, dass der Monarch nicht bloss Kaiser des Reiches, sondern Fürst sämmtlicher Ländergruppen ist, wird vollständig durch das Bestreben der Fundamentalartikel paralysirt, den Schwerpunkt der gesammten Entwicklung in die Landtage zu legen und das Reich mit einer „Delegirtenversammlung" und mit einem „Senat" abzuspeisen. Der scharfe Denker Dr. Schäffle ignorirt den sonst von ihm recht wohl gekannten Grundsatz, dass das jeder politischen Form inwohnende dynamische Moment beim Kampf ums Dasein entscheidet, und dass daher jenes Mass von Einheit, wie es in Deutschland allenfalls erträglich, aber niemals für alle Fälle ausreichend sein kann, bei den provinciellen und nationellen Divergenzen in Oesterreich niemals genügen kann. Die grössten und wichtigsten Staatsinteressen bedürfen der allerstärksten geistigen und moralischen Stützpunkte nicht blos solcher, welche auf der mechanischen Macht beruhen. Die Fundamentalartikel schlugen diesem obersten Princip geradezu ins Gesicht. Sie führten in ihrer unabweislichen Consequenz entweder zur Sprengung

Oesterreichs, oder, wie Kossuth ganz richtig sah, zum Absolutismus zurück. Der Absolutismus wäre sogar eine Art Erlösung für Cisleithanien, mit Ausnahme Böhmens gewesen, denn welche politische Rolle konnte die westliche Reichshälfte in ihrer zerklüfteten Ohnmacht gegenüber dem durch eine volksthümliche einheitliche Constitution gestärkten Ungarn spielen! Darüber ist nach den bei den jüngsten Ausgleichsverhandlungen gemachten Erfahrungen kein Zweifel möglich. Die Verzweiflung über eine völlig hoffnungslose, zwischen Ungarn und Böhmen eingekeilte Stellung hätte die gesammte deutschliberale Bevölkerung in die Arme des Absolutismus getrieben und demselben neue Stärke verliehen. Diese Gründe bestimmten ohne Zweifel das Eingreifen Audrassy's im letzten Momente. Das Gewicht der ungarischen Verfassung siegte über die Fundamentalartikel und die einmal garantirte und beschworene politische Form der einen Reichshälfte musste unwiderruflich den Gesetzen der Wechselwirkung zwischen den Gliedern eines organischen Ganzen die politische Gestaltung der anderen Hälfte bedingen.

Nicht minder klar sind die Gründe, aus welchen das formell ziemlich unschuldige Nationalitätengesetz bei näherer Betrachtung äusserst bedenklich erscheint. Das Bestreben, die mögliche und nothwendige Concurrenz der Nationalitäten zu Gunsten der minder entwickelten Gruppen aufzuheben, ist eine Art von politischem Communismus, welche überdies nach allen Richtungen ihren Zweck verfehlt.

Selbst ein sehr gemässigter Anhänger des *laissez aller* wird zugeben müssen, dass die in der Nationalität ausgedrückte Concurrenz des Individuums auf socialsprachlichem Gebiete ihrer eigenen Evolution überlassen bleiben solle ohne eine andere Ingerenz des Staates, als da, wo es eben seine Interessen dringend fordern. Die zum Schutze der czechischen Nationalität nöthigen

Massregeln sind bereits ohne Sprachcurie erreicht worden.
Die Handhabung der Administration und Justiz, der
Unterricht in den unteren und mittleren Schulen ist ja
längst den wirklich bestehenden Bedürfnissen angepasst.
Eine weitere Nationalisirung, z. B. der Hochschulen hat
sich offenbar lediglich nach der Frequentation der einzelnen Fächer zu richten, nicht nach dem eingebildeten
Gesichtspunkte nationaler Agression, unter welcher die
Wissenschaft leidet. Auf dem Boden realer Bedürfnisse
entstehen leicht Compromisse in dieser Richtung, während
die Einführung der „Sprachcurie" unfehlbar die gewaltsame Czechisirung der Prager Universität und damit
deren rapiden Verfall im Gefolge gehabt hätte. Fehlt es
doch naturgemäss den jungen Nationalitäten gewöhnlich
nicht bloss an tüchtigen Lehrern sondern an der bei
wissenschaftlichen Leistungen so nöthigen öffentlichen Controle, welche die Seele jedes Fortschrittes ist. Mittelst
des Nationalitätengesetzes wollte man in Prag nicht bloss
die deutschen Kräfte zwingen, czechisch vorzutragen,
sondern auch die deutschen Zuhörer, czechische Vorlesungen zu besuchen. Allerdings blieb den Deutschen die
Wahl offen, eine eigene Universität zu gründen, wozu
ihnen jedoch die Landesmittel schwerlich zu Gebote gestanden wären; die Czechen perhorrescirten vielmehr die
Gründung einer eigenen deutschen Universität, sie wollten
die geistige Kraft der Deutschen benützen zu Gunsten
ihrer eigenen Nationalität. Die Nationalcurie bahnt überdies den Weg zur politischen Anerkennung der Nationalität, welche denn doch wenigstens die conservative
Anschauung niemals zugeben kann. Sie stärkt die bestehenden Differenzen, züchtet förmlich die Landbevölkerungen zu einer verderblichen Reibung gegen einander.
Sie zwinget den Guts- und Fabriksbesitzer mit der Bevölkerung zu stimmen, unter welcher er seine Besitzungen
hat; wo bleibt da das Selbstbestimmungsrecht? Es ist

ganz begreiflich, dass die Gruppe Jiricek-Schäffle den Versuch machte auf solcher Grundlage die Herrschaft der Nationalität zu begründen. Weniger klar ist die Gedankenwendung, mit welcher ein Conservativer zu dieser Auffassung sich bequemen kann.

Gestehen wir es nur ein, dass der Karren der conservativen Partei vollkommen festgefahren war. Seit dieser Zeit spricht man nicht mehr von ihr. Die Nationalen vertreten des Kronland Böhmen. Der Inhalt des „Vaterland" gibt genügenden Aufschluss über das, was den böhmischen Conservativen noch in politischer Beziehung zu sagen übrig bleibt. Die spätere Entwicklung der Verfassung ist in ganz liberalem Sinne erfolgt und hat deren wesentliche Verstärkung in jeder Beziehung zur Folge gehabt, ohne dass dabei die Zustimmung oder Opposition der Conservativen einen wesentlichen Einfluss gehabt hätte.

Aus diesen wenigen Prämissen, welche hoffentlich im grossen Ganzen richtig befunden werden, können wir viele der bestehenden Zustände erklären. Das Schlachtfeld wurde vom siegenden Theile besetzt und von demselben in immer steigender Energie gegen fernere Angriffe geschützt. In der Diplomatie musste Graf Andrassy zu aufrichtigen Anhängern seiner Anschauungen greifen, und die ihm von mancher Seite entgegenstehende feudalbureaukratische Opposition einfach kalt stellen. Dass der ehemalige Einpeitscher des Oberhauses, welcher dieser Stellung sehr viel verdankte, den jungen Nachwuchs hauptsächlich aus anderen Kreisen recrutirte und zwar ohne dabei auf geistige und sociale Fähigkeiten besonders Rücksicht zu nehmen, deutet darauf hin, dass er in dem alten Adel keinen Factor mehr erblickte, der ihm zu seinen weiteren Plänen hätte förderlich sein können. Die hohen Verwaltungsposten gehören in herkömmlicher Weise der siegenden Partei, sie müssen ihr gehören, wenn der erfochtene Sieg etwas bedeuten soll. Uebrigens war ja der Beamtenstand gerade ein sehr wichtiger und thätiger Theil jener Partei von jeher gewesen und hatte — man muss es offen gestehen — dem Staate unter den peinlichsten Wechselfällen seine Existenz zur Disposition gestellt. Gemeinsamkeit der Lebensbedingungen führt allemal auch Verschwägerung herbei, so dass der höhere Beamtenstand auch in socialem Sinne eine ziemlich eng geschlossene Gruppe bildet, deren Uebergewicht bei Vertheilung von Staatsämtern naturgemäss wirksam ist. Der verfassungstreue Adel ist wesentlich auf den Anschluss an die liberalen Parteien oder auf materielle Thätigkeit angewiesen.

Die Verhältnisse der k. k. Armee der Würdigung berufener Beobachter überlassend, möge gleichwohl bemerkt werden, dass die Erfahrungen der Jahre 1859 und 1866 aus derselben die letzten Ueberreste des adeligen Uebergewichtes verwischt haben, während in Preussen gerade die letzten Erfolge nicht wenig zur Kräftigung desselben geführt haben dürften. Nach neueren Andeutungen soll in den letzten Zeiten die Betheiligung des Adels trotz der erhöhten Ansprüche in erfreulichem Masse wachsen, was jedoch bei der Ausdehnung der heutigen Armee auf deren Gesammtcharakter keinen wesentlichen Einfluss üben dürfte.

Man kann sich bei der Vergleichung dieser wenigen Thatsachen, welche ganz bedeutend vermehrt werden könnten, des Eindruckes nicht erwehren, dass es sich hier weniger um eine freiwillige Entsagung eines früher bevorzugten Standes handelt, als um eine systematische Mitdrängung, deren Anfänge in die vormärzliche Zeit hineinreichen, welche jedoch in verschärftem Tempo seit der constitutionellen Aera vorwärts schreitet. Die Ursachen dieses Processes können wir bei reiflicher Ueberlegung nicht in dem Mangel an tüchtigen Individuen suchen — wie viele tüchtige Männer lassen nothgedrungen ihre

Kräfte ruhen! — sondern in der verfehlten Kampfesweise der conservativen Partei.

War das Programm vom Neujahrstage 1860 Schuld an dessen geringer Wirkung? Wir möchten es bezweifeln. Wenn dasselbe auch in ein etwas altmodisches Gewand gehüllt war, so besass es den unschätzbaren Vortheil einer lebendigen Ueberzeugung; es enthält viel Wahres, allerdings nicht die ganze Wahrheit, jenen Theil derselben aber in einer einseitigen Darstellung.

Das geistige Rüstzeug der österreichischen Conservativen wurde bekanntlich aus Preussen entlehnt. Das „Vaterland" bewegte sich anfänglich vollständig in der von Stahl vorgezeichneten Richtung mit der nöthigen Anpassung für katholische Verhältnisse. Allein die Kampfesweise der Kreuzzeitung liess sich nur ganz äusserlich auf österreichische Verhältnisse anwenden. Dem Wesen nach war jeder Vergleich zwischen den beiderseitigen Parteistandpunkten unmöglich. Das Palladium der conservativen Partei in Preussen bildet die vollständige Einheit, fast Einerleiheit von Adel, Regierung, Armee. Diese Einheit beruht nicht auf künstlichen Compromissen von heute auf morgen, sondern auf einer in allem Wechsel der Systeme consequent festgehaltenen Tradition, sie ist ein Product der ganzen preussischen Geschichte. Der preussische Conservative vertheidigt in der königlichen und staatlichen Autorität seine eigene Machtstellung. Aus klarem Bewusstsein der Selbsterhaltung bekämpft er jeden Versuch, die Staatsautorität zu schmälern; er vertheidigt die stramme Ordnung gegen die auflösenden Wirkungen des egoistischen Liberalismus. Die conservative Partei dieses Landes hat sich deshalb trotz einer in sich verfehlten theoretischen Basis vollständig correct in dem politischen Kampfe bewegt, und niemals den Zusammenhang mit den wesentlichen Staatsaufgaben verloren; wenn auch heute gegenüber den neuen Umständen die consequente Formulirung eines eigentlichen conservativen Programmes geradezu unmöglich ist.

Der österreichische Conservative adoptirte die theokratische Anschauung vom Staate, ging aber im Eifer des Kampfes zur Schwächung desselben über, weil eben der Staatsgedanke centralisirend wirken musste. Er hielt über Alles erhaben die Loyalität zum Herrscherhause, wollte aber von einer weiteren Befestigung der Herrscherrechte mittelst der Cooperation aller Staatskräfte nichts wissen. Absolutismus, Revolution und Constitution wurden ihm congruente Begriffe. Wenn man aber bedenkt, dass Absolutismus und daher Centralisation in gewissem Sinne gerade für Cisleithanien historisch sind, so kann die Consequenz nicht sehr ferne liegen, dass in dem einseitigen Streben nach Decentralisation unter Umständen gerade dasjenige liegen kann, was der Conservative am meisten zu vermeiden hat, die Revolution. Der Versuch, längst veraltete Formen zu reactiviren, ist um nichts besser, als das Suchen nach neuen Formen. Beides ist ohne fast gewaltsame Anilirung bestehender Zustände kaum denkbar. Diese in der einseitig doctrinären Fassung des ursprünglichen conservativen Programms offenbar den Urhebern selbst verhüllte Gefahr trat immer mehr ans Licht, je ausführlicher der „föderale" Gedanke ausgearbeitet wurde. Was war natürlicher, als dass Alles, was irgend für den Bestand des Staates eintrat, bei sonstiger grösster Divergenz der Anschauungen zu einer Partei sich verschmolz, welche über den Besitz aller staatlichen Machtmittel verfügte. Diese Minorität war aus diesem Umstande trotz evidenter parlamentarer Schwäche immer regierungsfähig, während die Conservativen es niemals sein konnten, selbst wenn sie siegten. Der Grossgrundbesitz selbst spaltete sich in Folge dessen in zwei getrennte Lager, von denen keines mächtig genug war, selbstständig für den conservativen Gedanken einzutreten. Ohne dass es ursprünglich beabsichtigt war, schrumpfte somit eine gross angelegte Schöpfung in eine böhmische Fraction ein, deren Allianz Deutsche, Ungarn Polen, Bürger wie Adel, gleichmässig verschmähten, weil sie nur die Traditionen der Macht, aber keineswegs die Macht selbst mehr repräsentirte. Sogar weiterblickende Katholiken zogen es vor, sich auf die wenigstens in Einer Richtung kräftige Nationalitätsidee zu stützen, weil sie den Schiffbruch des conservativen Fahrzeuges voraussahen.

Dass die Bundesgenossenschaft der nationalen Parteien dem Conservatismus ursprünglich willkommen war darf füglich bezweifelt werden. War doch der modern revolutionäre Ursprung der nationalen Idee nicht zu verkennen. Mussten nicht die Namen Cavour, Garibaldi, Kossuth, Napoléon, mit denen die Ausbreitung derselben in Europa innig verbunden war, jedem conservativen Ohre als greller Misston erscheinen? Die czechische Nationalität war das Product mühevoller archäologischer, nicht einmal wissenschaftlich sehr exacter Untersuchungen; Die geschichtlichen Antecedenzien derselben konnten schwerlich ein österreichisches Herz erwärmen. Nicht selten schlugen die Flammen des Hussitismus wieder auf. Das Losungswort: „Entweder mit uns oder über ihre Köpfe" ertönte nicht selten aus den czechischen Reihen. Alle diese unleugbaren geistigen Discordanzen wurden jedoch durch sehr reelle Momente überbrückt. Die theoretisch formulirten Ansprüche der Nationalität hatten unglaublich rasch einen grossen Theil des czechischen Bürgerthums zur gemeinsamen Abwehr des deutschen Elementes zu begeistern vermocht, so dass deren politische Triebkraft offen vor Augen dalag. Sie war nicht bloss die unfehlbare Waffe, den verhassten liberalen Bureaukratismus mit dem „Stoss ins Herz" zu treffen, sondern bildete im schlimmsten Falle auch die Sicherung der eigenen

Existenzen. Die Zeiten von 1848 waren ja noch nicht lange vorüber.

Derlei Allianzen sind bekanntlich heut zu Tage in der Mode. Wer sie tadelt, gehört mit Fug und Recht unter die Philister, die nichts von höherer Politik verstehen. In dem vorliegenden Falle ist es jedoch ganz klar, dass die Umarmungen der Nationalen das schwache conservative Kind erdrückt haben. Die conservative Idee jedoch lässt sich nicht erdrücken. Sie harrt auch bei uns der schöpferischen Hand, welche sie in lebensfähigere Formen zu verkörpern vermag. Die geschichtlichen Thatsachen bezeichnen deutlicher als jede Theorie die Richtung, in welcher der künftige Conservatismus Cisleithaniens sich bewegen muss. In der politischen Concurrenz der einzelnen Bestandtheile der Monarchie siegte Ungarn, welches über die stärksten politischen Waffen verfügte, über die höher gebildete, aber mangelhaft organisirte westliche Hälfte. Die Ueberlegenheit Ungarns drückt sich in einer politischen und ökonomischen Ausnahmsstellung aus, in dem Schutze, den sie der Februarverfassung — gegen gute Bezahlung — angedeihen lässt. Dieses traurige Missverhältniss muss so lange bestehen, bis Cisleitsaniens Verfassung über eine so imponirende Majorität von Kräften verfügt, wie die ungarische. Der Weg liegt nicht etwa im Föderalismus, der Zersplitterung, sondern in der immer energischeren Concentrirung der vorhandenen Kräfte. Diese Concentrirung wird und muss sich vollziehen, entweder durch Compromisse der „Alten", oder durch Neubildung von Fortschrittsparteien, zu welchen in Prag und in Wien der Grund gelegt ist. Dass diese Keime zur Entfaltung gelangen werden, kann Niemand bezweifeln, der die Stimmung der cisleithanischen Bevölkerungen, die wachsende Unzufriedenheit über die politische Inferiorität Oesterreichs beobachtet. Wo ein klar empfundenes Bedürfniss vorhanden ist, finden sich heutzutage die Parteien leicht zusammen. Die ganze Entwicklung wird jedoch um vieles leichter und normaler, wenn sie durch die Cooperation der conservativen Elemente sich vollzieht, als wenn man über ihre Köpfe hinwegschreiten muss. Gibt es wirklich conservative, im Interesse der Allgemeinheit gelegene Postulate, so werden dieselben viel leichter in den Momenten befriedigt, in welchen man die Conservativen braucht, als später, wo der Erfolg der rein progressiven Kampfesweise den Conservatismus als staatlich unnütz erscheinen lassen muss. In diesem Sinne mögen die Gesinnungsgenossen das Dichterwort beherzigen:

Was man vor der Minute ausgeschlagen,
Gibt keine Ewigkeit zurück.

III.

Ein geistreicher antiliberaler Schriftsteller nennt den Conservatismus die *vis inertiae* im Staate und seine wichtigste Thätigkeit den Widerstand, productive Kräfte seien ihm versagt. C. Frantz stimmt daher unbedenklich dem Ausspruche von Stuart Mill bei: Die Conservativen seien die nach den Bedingungen ihres Daseins dümmste Partei.

Mill's berühmter *common sense* erhebt sich übrigens auch bei der Charakterisirung der übrigen Parteien nicht über die naivste Oberflächlichkeit hinaus, so dass sein politischer Credit stark im Niedergange begriffen ist. Er vermochte wohl mit allgemeinen Formeln umzugehen, fand jedoch nicht im Gewühle des Lebens sich zurecht. Selbst der abstracteste Formelkrämer sollte ohne weiters zugeben, dass das Erhalten nicht geringere Thätigkeit in Anspruch nimmt, als die Agression, wenn auch die Anwendung der Kraft sich in dem ersteren Falle auf einen längeren

Zeitraum vertheilt. Die moderne Medicin wirft sich gerade auf den conservativen Standpunkt, auf die Hygyene. In der Kriegskunst gilt die Vertheidigung für schwieriger als der Angriff. Warum sollte es in der Politik anders sein? Offenbar urtheilen wir hier weniger unbefangen, als auf anderen Gebieten. Selbst bedeutende Denker scheitern hier an der gefährlichen Klippe von gesellschaftlichen Vorurtheilen, indem sie ohne tiefere Würdigung der realen Verkettungen von Ursache und Wirkung sich mit nothdürftigen Analogien behelfen, welchen in der Wissenschaft wie im Leben die verderblichsten Trugschlüsse entspringen.

Die Zustimmung eines der bedeutendsten politischen Denker zu jenem ungerechten Urtheile bezieht sich hauptsächlich auf die bisherige Methode des conservativen Kampfes. Dieselbe erinnert in der That nur zu sehr an das Verfahren vieler Naturvölker, welche ihre hochverehrten Götzen kräftig durchprügeln, sowie dieselben nicht ihrer vermeintlichen Aufgabe genügen. Was kann es Verkehrteres geben, als die stete Berufung auf den historischen Process und die gleichzeitige Negirung der nothwendigen Resultate desselben? So lange die Geschichte, bemerkt C. Frantz treffend, nach ihren eigenen Plänen geht, ist sie den Conservativen ein Werk der göttlichen Vorsehung, sowie dies nicht der Fall, ist die göttliche Vorsehung verschwunden. Nach dieser Auffassung sieht es aus, als ob bis zur französischen Revolution die Welt vom lieben Gott, von da ab aber vom Teufel regiert werde, so dass nun die Menschen dem lieben Gott zu Hilfe kommen müssen, um den Teufel wieder an die Kette zu legen. Man sieht ja sofort ein, dass eine derartige Beurtheilung geschichtlicher Vorgänge sich dem Wesen nach durchaus nicht von der liberalen Auffassung unterscheidet, da ja immer ein einseitiger rationalistischer Massstab an die Ereignisse gelegt wird; der Unterschied besteht nur darin, dass die Conservativen noch überdiess so bescheiden sind, ihre eigene Einsicht mit jener der göttlichen Vorsehung zu identificiren.

Allerdings verliert dieser in der That fast vernichtende Vorwurf viel von seiner Schärfe, wenn wir bedenken, dass dem Menschen im Allgemeinen die Beurtheilung der ihn zunächst berührenden Verhältnisse weit schwerer fällt, als die der übrigen Natur, so lange er sich nicht auf den naturwissenschaftlichen Standpunkt stellt. Dies beweist am besten das Beispiel von C. Frantz selbst, dessen Physiologie der Staaten einer der genialsten Fortschritte der Induction auf einem bis dahin völlig dürren Gebiete bezeichnet. Seine seltene Einsicht in die theoretischen und praktischen Bedürfnisse der politischen Parteien schützten ihn jedoch nicht vor dem Irrthum, dass die Anerkennung des historisch Gegebenen als solches nicht bloss geistlos, sondern unsittlich sei. Die nackte Thatsache allein, meint er, könne dem denkenden Geiste nicht imponiren. Dieser im Gegensatze zu seiner Methode stehende Ausspruch klärt uns auf, warum dieser schöpferische Geist niemals über die ersten glücklichen Anläufe hinauszukommen vermochte.

Jede geschichtliche Thatsache muss uns als Resultat des Causalgesetzes ebenso imponiren, wie irgend ein sicher beobachteter Vorgang im Kosmos. Ohne diese ganz fundamentale Voraussetzung wird jede tiefere Erklärung der Geschichte geradezu abgeschnitten und wir kommen, wir mögen uns drehen und wenden wie wir wollen, immer wieder auf die „dürre Heide" rationalistischer Geschichtsconstruction. Im Gegentheile führt uns die Anerkennung der Thatsache zur Erforschung der dieselbe bedingenden Ursachen, welche nur in früher bestandenen oft übersehenen und anscheinend unwichtigen Umständen wurzeln, zum objectiven Studium sämmtlicher Phasen unserer Entwicklung, endlich zur Vergleichung der sämmtlichen Glieder des Menschengeschlechtes unter einander. Es entsprosst somit aus einem richtigen Princip die grossartigste bisher ungelöste Gedankenarbeit.

Aus unseren Standpunkt ergibt sich mit Nothwendigkeit, dass wir in stetem Aufsuchen der eine bestimmte historische Wirkung bedingenden Ursachen begriffen, den Erfolg einer Idee nicht in deren absolutem Inhalt, sondern in den sie begleitenden Umständen zu suchen haben. Die Entwicklungsfähigkeit einer Idee wird durch nichts anders als durch den historischen Process selbst bestimmt, das heisst durch den Zustand, welchen dieselbe in einem bestimmten socialen Medium antrifft. Dieselbe Idee übt in verschiedenen Ländern ganz verschiedene politische Triebkraft aus. Wie jeden Augenblick eine ungezählte Menge von organischen Keimen in der Concurrenz ums Dasein zu Grunde geht, so fallen fortgesetzt geistige Keime ungenützt zu Boden, weil sie entweder zu früh oder zu spät kommen. Wo wir aber grosse Wirkungen einer Idee beobachten, müssen wir dieselben aus den Zuständen erklären, welche diese Erfolge bedingten. So sind die liberalen Schlagworte der französischen Revolution für sich leere, mit der Natur organischer Wesen im schroffsten Gegensatze stehende Abstractionen. Sehen wir jedoch näher zu, so finden wir sofort, dass die Gleichheitsidee nichts anders ist, als eine naturgemässe Reaction gegen eine einseitige Ausbildung des in der menschlichen Natur wohl begründeten Geburtsrechtes, welches sich in der Concurrenz von altem und neuem Adel zum absurdesten Cultus des adeligen Stammbaumes entwickelte. Desgleichen hat C. Frantz bewiesen, dass die von Bossuet und den übrigen Hoftheologen unter Ludwig XIV. erzwungene Formulirung eines göttlichen Rechtes, die Proclamation der Volkssouveränität hervorgerufen hat. Während also auf dem Continent Gift gegen Gift gebraucht wurde, wie C. Frantz sich ausdrückt, erlangte in England die Gleichheitsidee unter anderen Prämissen niemals eine wie immer geartete politische Triebkraft, während die Idee des göttlichen Rechtes allerdings erst durch die englische Revolution definitiv zum Falle gelangt. Man sieht nun sofort ein, dass der Kampf zwischen dem Liberalismus und dem Conservatismus auf dem Continente allenfalls in seinen praktischen Folgen interessant war, niemals jedoch in theoretischer Hinsicht, da von beiden Seiten consequentermassen immer leeres Stroh gedroschen wurde. Die an vorrevolutionäre Schlagworte anknüpfende Begründung des Conservatismus hatte durchaus keine grössere Berechtigung als der liberale Individualismus. Da keine Partei ihr innerlich unwahres Kampfesmittel aufgeben wollte, war das Resultat der Discussionen gleich Null. Aus der dabei einhergehenden Classenhetze zogen dann noch andere, jede Staatenbildung begleitenden Zersetzungselemente den grössten Nutzen. Praktisch litt der Conservatismus vielmehr unter der verfehlten Kampfesweise, weil eben die ganze Entwickelung der Gegenwart täglich die Kluft zwischen seiner Formel und der realen Situation erweiterte, während der Liberalismus für den Moment viel anpassungsfähiger war, weil er durch eine bis dahin unbekannte Entfesselung individueller Thätigkeit eine vollkommenere Befriedigung der momentanen Bedürfnisse brachte. Während das Conservative somit in den Schmollwinkel oder gar ins revolutionäre Lager gedrückt wurde, führte die unabweisliche Anerkennung jeder kräftigen Arbeit dem Liberalismus viele conservative Elemente zu, welche den Schutz ihrer Interessen lieber dem Gegner als ihren unpraktischen Gesinnungsgenossen zutrauten. Nur die preussischen Conservativen haben sich bekanntlich in der Praxis über ihre verfehlte Theorie erhoben, und ihre massgebende Rolle in der Durchführung der Staatsaufgaben noch durchaus nicht aufgegeben, während es der französische Conservatismus nicht über die einfache

Negation oder ganz schwächliche Vermittlungsversuche hinausgebracht hat.

Wie ganz anders stellt sich unsere Aufgabe dar, sowie wir uns auf den Boden des Concurrenzgesetzes stellen, welches für die Geschichte keine geringere Bedeutung hat, als das Gravitationsgesetz für die Bewegungen der Körper im Weltall! Niemand wird bei näherer Betrachtung den Nutzen verkennen, welche dessen Anwendung gerade der conservativen Anschauung bringt. Welch' bessere Rechtfertigung derselben kann es geben, als die energische Betonung des Rechtes und der Pflicht der Selbsterhaltung, vermöge welcher die sämmtlichen bevorzugten und besitzenden Classen bestrebt sein müssen, ihre ererbte oder eroberte Stellung, ihren Besitz jedem Angriff gegenüber zu vertheidigen? Wir brauchen weder eine weitere sophistische Umschreibung und Verhüllung, noch eine abstracte Erörterung des Wesens der conservativen Idee, sondern eine ganz offene und klare Anerkennung eines für alle organischen Wesen allgemein giltigen Naturgesetzes! Es gibt keinen besseren Alliirten zur Vertheidigung unserer Sache; es darf uns sogar nicht abschrecken, wenn die gegnerischen Parteien denselben ebenfalls zur Begründung ihrer Angriffe in Anspruch nehmen. Wie die Sonne über Gerechte und Ungerechte scheint, stehen die Naturgesetze Jedermann zur Verfügung, der sie zu gebrauchen versteht. Der erzielte Erfolg steht in genauem Verhältnisse zu der Einsicht in dieselben, womit zugleich die demüthige Unterwerfung unter deren Gewalt untrennbar verbunden ist.

Eine noch so oberflächliche Vergleichung verschiedener Culturstadien zeigt uns sofort, dass fortwährend die Menschen um ihre Existenz mit einander und mit der Natur kämpfen, dass ferner der Unterschied zwischen den verschiedenen Culturepochen nur in der Art liegt, wie gekämpft wird. Dieser Kampf kann zerstörend wirken oder aufbauend je nach den Formen, welche er annimmt. Da die Concurrenz der Menschen gegen einander in weit höherem Grade als jene gegen die Natur zur collectiven Thätigkeit zwingt, sind sämmtliche höhere Formen des menschlichen Existenzkampfes nichts anderes als Formen der Cooperation oder sociale Formen im weitesten Sinne, und umgekehrt sind sämmtliche wie immer geartete Cooperationsgruppen Formen der Concurrenz. Der geschichtliche Process ist nichts anderes als die Succession unendlich verschiedener Concurrenzformen, welche unausgesetzt mit einander ringen und sich gegenseitig verdrängen. Er beginnt mit einer Gruppenbildung, setzt sich in deren Abänderung fort und hört mit der definitiven Zerstörung der wichtigsten Gruppen auf, wodurch das Individuum anscheinend frei wird. Dabei dürfen wir allerdings durchaus nicht an eine schematische Progression denken, ohne dem Naturprocess Gewalt anzuthun. Es findet weder eine definitive Verdrängung aller primitiven Concurrenzformen statt, noch ein gewissermassen „patentirter" Fortschritt. Im Gegentheil beobachten wir stets die primitiven Socialformen noch in jeder Culturepoche neben den fortgeschrittensten Formen in grösserer oder geringerer Anzahl bereit, immer wieder die Oberhand zu gewinnen, sowie die Energie der höheren Socialformen erlahmt. Häufig beobachten wir Rückbildungen und Vernichtung höchster Socialformen in Folge der Concurrenz oder durch innere Erschlaffung derselben. Man kann sogar beweisen, dass gerade die höchsten Formen menschlicher Cooperation weit mehr der Zerstörung ausgesetzt sind als die niederen, über welche letzteren ganze Völkerstürme hinwegtosen, ohne sie zu vernichten. Es gibt kein inneres Evolutionsgesetz, welches die Fortbildung jener Formen garantirt, nur die Möglichkeit der Fortbildung ist unter gewissen Umständen gesichert. Treten diese Umstände nicht ein, so kann die Entwicklung Jahrtausende stillstehen, bis endlich ein neues Erregungsmoment eintritt.

Der Standpunkt objectiver Beobachtung drängt uns somit zur Ueberzeugung, dass nicht die „freie" Concurrenz das geschichtlich fortbildende Moment ist, sondern die „social gebundene" Concurrenz, d. h. die organisirte Concurrenz. Weitaus die wichtigste aller Concurrenzorganisationen ist die Staatenbildung, welche, lediglich dem Kampfe des Menschen mit dem Menschen entsprungen, in ihren ersten Stadien keine andern Aufgaben löst, als die erfolgreiche Abwehr äusserer Angriffe und den Schutz eines mehr oder minder stabilen gemeinsamen Nahrungsgebietes. Sowie diese fundamentale Differenzirung einer relativ selbstständigen Menschengruppe gelungen, treten im Innern derselben weitere Cooperationsformen auf, deren Divergenzen in einem langwierigen und überaus schwierigen Processe sich gegenseitig anpassen müssen. Bei diesem allmäligen Durchbruche concentrirter Socialformen spielt stets die oberste Staatsgewalt die Hauptrolle, so dass von deren Siegen oder Niederlagen nach Aussen auch die innere Entwicklung wesentlich abhängt. In tausend Fällen beobachten wir, dass beim Zusammenbruch des Staates durch äussere Feinde die Thätigkeit der inneren Socialformen unterbrochen wird, und entweder dem durch den Eroberer dictirten Concurrenzgesetze folgt, oder in kleinere Atome zersplittert, deren Erhaltung hauptsächlich von den Naturverhältnissen abhängt.

Dass die Staatsgebilde, wie die einzelnen im Staate auftretenden Socialformen wirklich nichts als Concurrenzgruppen sind, beweist deren rapider innerer Verfall, sobald sie Monopolisten geworden sind, d. h. ihre ebenbürtigen Gegner vollständig vernichtet haben, folglich nichts mehr zu thun haben. So bekannt diese Todesart unserer Socialformen im engeren und weiteren Sinne ist, so wenig wird dieselbe bei den politischen Erörterungen, wie von der Theorie beachtet. Scharfsinnige Diplomaten haben uns die Aufhebung der Concurrenz als höchste Aufgabe der Staatskunst, als Heilmittel für kranke Staaten Jahre lang gepredigt. Die Vertreter von politischen Parteien und einzelnen Socialformen verfolgen dasselbe Ziel, die Theoretiker suchen nach einer Staatsform jetzt wie im Alterthum, welche die Concurrenz am sichersten auszuschliessen vermöchte. Die edelsten Geister wüthen gegen ihr eigenes Fleisch, da der totale Erfolg ihrer Bestrebungen der sicherste Tod ist, während schon ein theilweiser Erfolg, d. h. ein längeres Zurückstauen der treibenden Bewegung durch convulsive Ausbrüche und ein nachfolgendes beschleunigtes Tempo der Concurrenz ausgeglichen zu werden pflegt. Diese verkehrten Anschauungen beruhen somit selbst da, wo sie nicht von einem egoistischen Motive eingegeben werden, auf einer totalen Verkennung des Wesens der in sociale Formen gebundenen Concurrenz, welche sich zu der „freien" Concurrenz ungefähr so verhält, wie die zu nützlichen Verrichtungen angepasste Dampfmaschine zu einer Feuersbrunst, welche doch beide auf demselben Naturgesetze beruhen.

Die wissenschaftliche Erklärung des geschichtlichen Processes wurde dadurch ungemein erschwert, dass gerade die wichtigsten Concurrenzverhältnisse grosser und kleiner Volksgruppen, von welchen Alles übrige abhängt, consequent ignorirt wurden. Den Historikern von Fach löste sich die Geschichte in die Thaten genialer Persönlichkeiten oder höchstens einzelner besonders begnadeter Völker auf. Die Geschichtsphilosophen bewegten sich je nach ihrem individuellen Bildungsgange in einer ziemlich willkürlichen Anwendung von physischen oder psychologischen Gesetzen zu deren Erklärung. Zu welchen Consequenzen hätte es geführt, wenn die Naturforscher mit Hilfe der wohlbeobachteten physikalischen oder chemischen Gesetze sofort die Entwicklungsgeschichte der organischen Welt hätten erklären wollen, wenn sie die Eigenschaften des Sauerstoffs, Wasserstoffs und Stickstoffs ohne weiters den durch diese Componenten gebildeten organischen Atomen beigelegt hätten, statt von dem Studium der Organismen und ihrer Theile auszugehen! Die Folge dieser verfehlten Methode war aber, dass trotz aller einzelnen Lichtblicke die eigentlichen historischen Momente nicht begriffen werden konnten. Es gibt kein schlagenderes Beispiel hiefür, als den vollkommenen Misserfolg des von Buckle mit fast übermässiger Gelehrsamkeit, aber wenig inductivem Talent unternommenen Versuches. Die deutsche Schule hat allerdings das Problem der Geschichtserklärung durch Berücksichtigung der grossen geographischen Beziehungen mächtig gefördert. Der Einfluss der Natur auf die Geschichte tritt aber erst dann in sein wahres Verhältniss, wenn die weit wichtigeren Momente der fast unabsehbaren Daseinskämpfe der Menschen unter sich verwerthet werden.

Mit dem Individualismus, als politischer Richtung, welche, den Kampf ums Dasein auf eigene Faust dem Individuum überlassen will, und die collective Thätigkeit nur an dem Maase individuellen Nutzens misst, ist keine theoretische Discussion mehr nöthig, da die directe Beobachtung uns das nöthige Material zur Schlichtung der Frage liefert. Die Naturvölker sind in dem Grade individualistischer „angehaucht," je tiefer sie in der menschlichen Stufenleiter stehen.

In Afrika z. B. nehmen die unterste Stufe die Buschmänner ein, welche jede Spur socialer Organisation vermissen lassen. Sie sind vollkommen frei — zu fliehen, denn sie werden von den besser organisirten Völkern wie das Wild gehetzt. Die Wehrfähigkeit des Individuums hängt von der Macht der Gruppe, welcher dasselbe angehört;

seine höhere Anpassung und Entwicklung erfolgt nur unter dem zwingenden Einflusse dieser Gruppe. Das Beispiel des berühmten Bonpland beweist, dass auch die bedeutendsten Talente erlahmen, so wie sie aus dem socialen Medium, welchem sie ihre Ausbildung verdanken, entfliehen. Das Misslingen vieler Missionen und der philantropischen Erziehungsexperimente mit einzelnen Individuen aus differenten Culturkreisen beruht auf diesem Verhältnisse. Wir begreifen überhaupt erst die ganze Schwäche des isolirten Individuums, wenn wir das Leben der Naturvölker studiren, und den ungeheuren Einfluss betrachten welchen der allmählige Durchbruch der höheren Concurrenzgruppen auf das Individuum ausübt.

Die mit zunehmender Cultur vergrösserten Ansprüche des Individuums können nicht auf Kosten der Gemeinschaft befriedigt werden, ohne dass Rückbildung in anderen Theilen derselben stattfindet. Wo das Princip der individuellen Selbsthilfe mit der öffentlichen Gewalt in der Form von Brigantaggio und Maffia siegreich ringt, wird die Erzeugung und Verwendung aller geistigen Kräfte unfehlbar leiden. Die Formen des Individualismus sind sehr mannigfach, seine Wirkungen jedoch stets verderblicher Art, wenn sie auch nicht gleich als solche hervortreten. Wir kennen ihn nicht bloss bei den untersten Culturstufen, sondern auch als Wahrzeichen untergehender Staaten, deren Machtmittel ohne Erbarmen selbst in Zeiten der grössten Noth für die egoistischen Zwecke der regierenden Persönlichkeiten ausgebeutet werden. Aber auch auf ökonomischem und geistigem Gebiete folgt auf die durch die Entfesselung individuellen Kampfes hervorgebrachte Kraftsteigerung sehr bald ein unverkennbarer Rückschritt in der Wahl und in dem Gebrauch der Kampfesmittel, welche die Gesammtleistung empfindlich schädigt. Das Actienwesen ist an dem Individualismus gescheitert. Die amerikanischen Zustände liefern manches Material zu der Beurtheilung des Individualismus, wenngleich die unvergleichlichen natürlichen Hilfsquellen dieses Continents noch lange Zeit die unfehlbaren Folgen seiner Zustände ausgleichen werden. Noch klarer spricht das Los der Türkei und der meisten anderen muhamedanischen Staaten. Der Muhamedanismus wirkt durch sein schrankenloses Gleichheitsprincip ungemein anregend auf die individuelle Thätigkeit, deren Ueberlegenheit gegenüber den Feudalstaaten anfänglich unzweifelhaft war. Gerade deshalb hat er niemals zur Bildung von höheren nützlichen Berufsclassen auf Grundlage der Theilung der Arbeit geführt. Trotz der hohen individuellen Begabung der orientalischen Völker sind aus diesen Gründen die corporativen und staatlichen Leistungen verhältnissmässig gering. Sogar Literatur, Kunst und Wissenschaft finden einen gewissen corporativen Anhalt in der Anerkennung der geistig Gleichstehenden, während deren individualistische Verbildung ihre Erfolge gegenüber dem grossen Haufen sucht, und dadurch den Keim des Rückschrittes in sich birgt.

Vermag uns somit der Individualismus als absolutes politisches Princip durchaus kein Interesse abzugewinnen, so werden wir ebensowenig dessen relative Bedeutung verkennen dürfen, schon desshalb, **weil er vorhanden ist und stets vorhanden sein wird**. Würden wir den Sporn individueller Concurrenz aufzuheben vermögen, so wäre auch die Energie der Associationen bald gelähmt. Die Kraft bedeutender Persönlichkeiten ist bei den grossen geschichtlichen Momenten der Durchbrüche von neuen Concurrenzformen nicht zu entbehren. Die Vertiefung individueller Bestrebungen zum allgemeinen Volksbewusstsein bildet einen der mächtigsten Hebel des Fortschrittes. In allen diesen Fällen wirken jedoch die dadurch hervorgerufenen Krisen nur wohlthätig, wenn sie zur zweckmässigen Umbildung oder Neubildung von Collectivformen führen, welche dann wieder fähig sind, das Individuum weiter zu bilden. Jedenfalls bildet uns somit der Individualismus ein wichtiges, nicht zu ersetzendes Symptom für sociale Bedürfnisse jeder Art.

Mit der conservativen Anschauung, dass die Gesundheit unseres Culturlebens auf der Vielseitigkeit und der gegenseitigen Anpassung seiner politischen, ökonomischen, socialen Concurrenzgruppen und nicht auf dem zersetzenden persönlichen Egoismus beruhe, befinden wir uns auf dem Boden strengster Beobachtung. Sie steht aber auch auf der Höhe des höchst bedeutsamen Umschwungs, welcher gegenwärtig auf den der naturwissenschaftlichen Behandlung bisher feindlichsten Gebieten des menschlichen Wissens Platz greift. Wir legen demselben eine umso grössere Bedeutung bei, als er, lediglich dem Bedürfniss nach Weiterbildung jener Fächer entsprungen, uns die längst ersehnte Einheit des wissenschaftlichen Bewusstseins in Aussicht stellt. Die Vorstellung von einem absoluten Recht wird durch jene des relativen Rechts verdrängt, vermöge welcher jede Gesellschaftsordnung ihr eigenthümliches Rechtsprincip hat.*

Man lehrt uns heute schon ganz ungescheut, „dass alle positiven Rechtsbegriffe ihrer Form nach gleich, ihrem Inhalte nach aber gesellschaftliche, je nach der Gesellschaftsordnung verschiedene Rechtsbegriffe sind". Professor Jehring spricht von einer gesellschaftlichen Eigenthumstheorie im Gegensatz zum individualistischen Eigenthumsbegriff u. s. w. In der Nationalökonomie ist die von deutscher Seite und von Comte gleichzeitig angeregte Reaction gegen die unfruchtbare scholastische Methode derselben, gegen ihr Spiel mit einseitigen Abstractionen auf englischen Boden übergegangen. Das Princip des

---

* v. Stein „Gegenwart und Zukunft der Rechts- u. Staatswissensch.", p. 136.

laissez-faire wird daselbst von beachtenswerther Seite für ein anspruchsloses Sophisma, bar jeder wissenschaftlichen Autorität, ohne Grundlage in der Natur der Sache oder der Erfahrung erklärt.*

So erscheint die wissenschaftliche Basis des abstracten Individualismus von allen Seiten unterhöhlt, und der Conservatismus verfügt heute bei den erweiterten Erfahrungen über weit stärkere Waffen als früher. Dabei werden die Postulate des Individuums und der Weiterentwicklung durch ihre Unterordnung unter die Gesetze der Natur und der Cultur nicht geschmälert, sondern nur richtig gestellt. Alle grossen weltgeschichtlichen Ideen, an welchen die inductiven Geschichtsphilosophen achselzuckend vorübergegangen sind, gewinnen von dem Standpuncte ihrer ungeheuren collectiven Attractionskraft betrachtet, eine unvergängliche historische Bedeutung. Natürlich werden uns gerade jene socialen Formen besonders wichtig sein, welche thatsächlich den ganzen Wechsel einer feindlichen Zeit überdauert haben und welche somit der geschichtliche Process selbst zur Auslese gebracht hat. Gestützt auf eine richtigere Erkenntniss des Culturprocesses können wir mit Burke behaupten, dass alle gesunde Fortbildung der menschlichen Gemeinwesen, ein Erhalten derselben einschliessen muss, und dass neue Formen nicht aus der *tabula rasa*, nicht aus zusammenhangslosen Atomen, sondern aus der Umbildung der früheren socialen Organisationen entstehen. Die Continuität der Entwicklung allein vermag dauernden Fortschritt zu begründen.

Die Frage nach den Hilfsmitteln der Erhaltung kann nur mit Hilfe von Naturgesetzen gelöst werden. Das dynamische Moment, welches als Arbeitsleistung bezeichnet werden kann, muss offenbar bei der Concurrenzfähigkeit jeder Association entscheiden. Unterliegt

---

* „Beil. Allgem. Ztg." 1878, p. 267.

somit die Politik den Gesetzen der Mechanik, so bleibt deren organischer Charakter dadurch gewahrt, dass die hier ausschlaggebenden Waffen vorzugsweise geistige sind, über deren Nutzeffect die complicirtesten Wechselwirkungen entscheiden. Wir können nur in diesem Sinne von den Socialformen als Organismen sprechen, wobei jede weitere als eine bloss **formelle** Vergleichung mit den Individuen der organischen Natur abgelehnt werden muss. Die Socialformen sind weit complicirtere Verbindungen als jene; sie weisen einen grossen Kreis von eigenthümlichen Eigenschaften und Organen auf, welche sich nicht aus der Beobachtung des Thierlebens oder des menschlichen Individuums unmittelbar ableiten lassen. Der Missbrauch von täuschenden Analogien hat bekanntlich sowohl die Zoologie wie die Botanik lange aufgehalten, und dürfte auch in der Socialwissenschaft auf Abwege führen.

Dagegen sei den Gesinnungsgenossen die möglichst umfassende und selbstständige Vergleichung culturgeschichtlicher Entwicklungsformen dringend empfohlen. Es wird sich daraus allerdings unwiderleglich ergeben, dass die Lebensfunctionen jeder Concurrenzgruppe wie jene sämmtlicher organischen Individuen formell als **Vererbung** und **Anpassung** bezeichnet werden müssen. Wie die Eltern geistige und leibliche Eigenschaften auf ihre Nachkommen übertragen, vererbt jede Corporation ihre Traditionen und ihre Machtmittel auf die späteren ihr angehörigen Geschlechter. Dieser defensiven Thätigkeit der Organismen steht eine offensive gegenüber. Die Selbsterhaltung nöthigt Individuen wie Corporationen zur steten Reaction gegen die gesammte Aussenwelt, welche die Naturforscher Stoffwechsel oder, soweit sie zu Abänderungen der Organismen führt, Anpassung genannt haben. Aus dem Stoffwechsel und der Anpassung schöpft jede Socialform die Summe der zur Selbsterhaltung nöthigen Kräfte. Wir können somit mit Schäffle sociale Anpassung als Herstellung und Ansammlung von Kräften der Selbsterhaltung definiren, oder Anpassung mit Machtbildung, Verbildung mit Machtschwächung gleichstellen. Da die zur Selbsterhaltung nöthigen Abänderungen in der Richtung der Widerstände, mit andern Worten, gemäss den Kampfesmitteln der Gegner erfolgen müssen, ist die Solidarität der relativen Anpassungen in den grossen und kleinen Concurrenzgruppen unabweisliche Folge des Naturgesetzes. Seine Wirkung verfolgen wir, vom europäischen Culturkreis ausgehend, in die entlegensten Theile der Erde, während anderseits die wachsende Intensität des Kampfes stets steigende Anpassungen, Verschmelzungen, Concentrirungen der kämpfenden Gruppen bedingt.

Die Erhaltung der socialen Organismen unter welchen wir natürlich stets einzelne Concurrenzgruppen verstehen, beruht offenbar in dem Gleichgewichte jener beiden allgemeinsten Functionen. Die Vererbung der aus früheren Kämpfen siegreich hervorgegangenen Anpassungen garantirt uns die Stetigkeit der Entwicklung, die successive Neu-Anpassung derselben an die veränderten Kampfesbedingungen die Entwicklung selbst. Wo die Variabilität allein vorherrscht, wie bei vielen Naturvölkern, überschreiten die stets auftauchenden Keime höherer Formen fast nie eine Generation. Anderseits verliert eine nur mit der Tradition arbeitende Gruppe nicht bloss die Widerstandskraft, sondern auch die Fähigkeit der Fortpflanzung.

Bezüglich der weiteren, höchst interessenten Beziehungen, welche sich aus diesen Prämissen im Verlauf des geschichtlichen Processes ergeben, bietet die beste, freilich nur ganz allgemein andeutende Uebersicht das bereits citirte Werk von Schäffle; dabei darf jedoch nicht verschwiegen werden, dass der geistreiche und tief denkende Autor, dem Geiste der Descendenzlehre folgend, von den Hypothesen einer unbegrenzten Evolutionsfähigkeit socialer Organismen und einer nothwendigen Vervollkommnung durch die Concurrenz einen nicht gerechtfertigten Gebrauch macht. Eine selbstständigere Kenntniss der Entwicklungszustände primitiver Völker würde überdies seine Darstellung in manchen wesentlichen Punkten modificirt haben.

Wir begnügen uns, hier nur einige wenige praktische Consequenzen zu betonen, welche dem Conservatismus als Leitstern bei der Berathung von Progammen zu dienen haben:

Tradition, Sitte, Recht, Autorität sind die Hauptmittel der socialen Vererbung, und werden demnach ganz richtig als die grossen Pfeiler staatlicher „Ordnung" hochgehalten. Sie dürfen jedoch nicht dogmatisch verbildet werden, sondern können nur im innigsten Anschlusse an die neu auftauchenden Machtverschiebungen in der möglichst regelmässigen Vermittlung neuer und alter Zustände ihre segensreiche Rolle entfalten.

Die Energie der socialen Organismen beruht auf der zweckmässigen Anpassung derselben in der Richtung der Widerstände. Die Abänderung eines Theiles des Organismus bedingt die gleichwerthige Anpassung des Ganzen und umgekehrt (correlative Anpassung).

Die Abänderungen müssen successive und rechtzeitig erfolgen, so lange der sociale Organismus noch kräftig ist. Sprungweise Octroyirungen höherer Formen sind stets gefährlich und verfehlen meistens ihren Zweck.

Der Abänderung müssen wir nicht bloss die befreundeten, sondern auch die concurrirenden Formen, soviel dies möglich ist, unterwerfen, um möglichst sicher zu einer normalen, d. h. den höheren Kampfesbedingungen entsprechenden Reibung sämmtlicher Socialformen im Staate zu gelangen.

Alles dies ist eigentlich dem Politiker nichts Neues. Derselbe kennt und würdigt sehr wohl die Macht sämmtlicher Vererbungsformen, welche sehr häufig der rücksichtsloseste Despot kaum anzutasten wagt. Noch besser werden gegenwärtig die Geheimnisse nützlicher Anpassungen von den lebensfähigen, d. h. concurrenzfähigen Parteien studirt. Dabei fassen allerdings Staatsmänner, Diplomaten, Parteimänner, ja die gesammte öffentliche Meinung meistens die äusseren Concurrenzverhältnisse der Staaten ins Auge. Die wichtigsten Anpassungen der innerhalb des Staates ringenden Gruppen vollziehen sich dagegen sehr oft in der Stille, gleichsam von den Gegnern unbemerkt. Bei den öffentlichen Discussionen werden nicht selten die Hauptpunkte, auf welche es zumeist ankommt, allseitig verschwiegen, offenbar um den Gegnern möglichst wenig Angriffs- und Vertheidigungspunkte zu lassen. So kann die eine Partei oft lange Zeit fast ungestört Macht ansammeln, welche sie dann zur Vernichtung des unvorbereiteten Gegners benützt.

Soviel ist sicher, dass der Conservatismus nicht bloss die Aufgabe hat, die Factoren der Vererbung und das heute Bestehende vor den Angriffen des Individualismus zu vertheidigen. Eine solche Vertheidigung wäre vollkommen aussichtslos, wenn nicht die Bestrebung nach **Machtbildung** oder **Anpassung** der verschiedenen Socialformen dazu träte. Wer sollte denn überhaupt dies durchführen? Der Gegner doch gewiss nicht, da er ja die Formen zu zerstören sucht. Wir mögen die Sache drehen wie wir wollen, so gelangen wir stets zu dem Schlusse, dass nur jener Conservatismus eine berechtigte Aussicht auf Erfolg habe, welcher aus wohlverstandenem Interesse die nöthigen Abänderungen, d. h. die zeitgemässen Reformen in seinem Sinne kräftig zu befördern sucht.

IV.

Die Signatur unserer Zeit bildet eine enorme Steigerung einer durch die kräftigsten Kampfesmittel geförderten individuellen und collectiven Concurrenz. Der Absolutismus hatte die ihm zustehende Aufgabe, die entscheidende Nivellirung der unmittelbaren und mittelbaren Auswüchse des Feudalismus, die siegreiche Feststellung des Einheitsstaates nach Aussen und Innen, durch gewaltige Kämpfe gelöst. Weitere gesteigerte Ansprüche collectiver Selbsterhaltung gegenüber dem entfesselten Individuum und der fortschreitenden Erweiterung der äusseren Concurrenz konnten nur befriedigt werden durch eine Umbildung der monopolistisch verbildeten Staatsform, durch directe Heranziehung der Bevölkerung an die Controle und Gesetzgebung. Diese meist im Drange ungünstiger Verhältnisse vollzogene Anpassung des Absolutismus erwies sich bald als ein intensiver Machtzuwachs der Monarchie, welcher in weit höherem Grade als früher die individuellen Leistungen der Staatsangehörigen zur Verfügung standen. Speciell in Oesterreich entbehrte der Absolutismus trotz der loyalen Empfindungen sämmtlicher Bevölkerungen für das erlauchte Kaiserhaus der moralischen und der materiellen Gewalt, die Compromisse zwischen den einzelnen heterogenen Bestandtheilen, welche sich mit den stärksten politischen und den neugebildeten social-nationalen Waffen versehen hatten, durchzuführen. Dazu kam noch der stetige Machtzuwachs der Nachbarstaaten unter nationaler und constitutioneller Fahne. Das Bedürfniss, die österreichische Machtstellung nach Innen und nach Aussen zu erhalten, drängte den Absolutismus in dieselbe Entwicklungsbahn, so schwierig auch deren Betretung anfänglich sein mochte.

Eine principielle Opposition des Conservatismus gegen die constitutionelle Staatsform müsste schon deswegen doctrinär erscheinen, weil wir ja Constitutionen kennen, welche durchaus zum Vortheil der conservativen Classen ausgeschlagen sind, wenn die letzteren kräftig genug waren, sich auf dem gemeinschaftlichen Kampfgebiete geltend zu machen. Der alte Satz, dass jedes Volk diejenige Regierung habe, welche dasselbe verdient, gilt in noch weit höherem Grade von den Constitutionen, durch welche die disponiblen und organisirten Kräfte schneller zur Verwerthung gelangen als unter dem bureaukratischen Regimente. Anderseits wird freilich mancher eingebildeten Grösse bei erweiterter Concurrenz die Maske unerbittlich abgezogen. Offenbar beruht die Lebensfähigkeit der Constitutionen auf der normalen Reibung sämmtlicher Kraftelemente des Staates in der durch die Gesetze vorgezeichneten Richtung, d. h. auf der Anpassung sämmtlicher Parteien an die constitutionelle Kampfesweise. Dieselbe war nun in Frankreich, welches als unser Vorbild galt, niemals vorhanden. An einem einseitigen Classenhasse, der ausgesprochenen Vorliebe für die vorrevolutionären Zustände von Seite des Königs und der Conservativen, an dem gegenseitigen Misstrauen aller Socialformen in diesem Punkte ist das constitutionelle Regiment von Carl X. gefallen. Die Anihilirung der durchaus verbildeten, nicht mehr anpassungsfähigen conservativen Elemente wurde wiederum den Capitalisten verhängnissvoll, welche mit ihren eigenen Waffen von der Demokratie geschlagen wurden. An dieser Ueberstürzung der progressistischen Bewegung war gewiss nicht der mit allen conservativen Cautelen ausgestattete Constitutionalismus Schuld, sondern der traurige Zustand eines mit unversöhnlichen Gegensätzen ringenden Organismus, in welchem trotz ewigen Schwatzens von Autorität kein höherer Zusammenhang vorhanden war, als jener des nacktesten persönlichen Egoismus. Diesen Zustand hat die Constitution nicht geschaffen, sondern vorgefunden. Ebenso wissen wir, dass der englische Parlamentarismus nicht Ursache, sondern Folge seiner gesammten rechtlichen und gesellschaftlichen Zustände ist.

Von den westeuropäischen Staaten hat jedenfalls keiner so radicale Umänderungen in liberalem Sinne seit den letzten zwanzig Jahren erfahren, als der ehemalige Hort der Stabilität, Oesterreich. Man kann wohl sagen, dass daselbst der Liberalismus weit uneingeschränkter herrscht als irgendwo, dass er nirgends über grössere Machtmittel gebietet. Das Privatrecht war natürlich schon früher in individualistischem Sinne ausgebildet. Alle collectiven Verbände sehen wir dem verheerenden Kreuzfeuer des Individualismus ausgesetzt. Die Gemeindegesetzgebung ist durch die überall gewahrte „Interessenvertretung" mit ihren verschiedenen Wahlkörpern den grössten Gefahren ausgesetzt, deren Wirkungen heute schon, besonders auf ökonomischem Gebiete hervortreten. Die Bezirksvertretungen sind im Vergleich zu den analogen Bildungen anderer Länder geradezu als radical zu bezeichnen, da immer die städtisch-liberalen Interessen darin den überwiegenden Einfluss besitzen. Die Wahlordnungen der Landtage sehen zwar äusserlich ziemlich befriedigend aus, sind jedoch in der Praxis nicht bloss mit den schlechtesten Seiten des Parlamentarismus verquickt, sondern berauben auch durch das in Europa einzig dastehende Princip der „cumulativen Wahlen", eine Absurdität ohne Gleichen, den Conservatismus jedes noch so legitimen Einflusses auf die Landbevölkerungen, da eben das Eingreifen der Comités allein deren Ausfall entscheidet. Dasselbe Verhältniss wiederholte sich bei den Wahlordnungen des Reichsrathes. Rechnen wir dazu den Einfluss der hohen und niedern Beamtenwelt, deren individualistische Auffassung des Staates als eine

Steuerpumpe grösstentheils ganz bekannt ist. Der Staat trug selbst zur Zerstörung der aus früheren Zeiten erhaltenen Formen des Collectivbesitzes bei, durch den Verkauf seiner Domänen und Eisenbahnen, während er der Ausbildung neuer Formen der Association eigentlich ganz theilnahmslos zusah, dieselben höchstens zur Verwerthung seines Besitzes benützte und sie dann von dem Privatcapital, an dessen Spitze die Nationalbank stand, in die Sackgasse wilder Speculation treiben liess. Sogar die gewiss unschädliche, in conservativem Sinne wohlthätige Form collectiven Besitzes, die Fideicommisse, über deren Errichtung überall die Krone entscheidet, begegnet einer so übelwollenden Beurtheilung von Seite der herrschenden Partei, dass deren successives Absterben ohne weiteren Nachwuchs nur eine Frage der Zeit ist.

Andererseits wird allerdings auch der Liberalismus seiner fortgesetzten Siege nicht froh. Die monopolistische Stellung ist der Partei selbst kaum zu Gute gekommen. Gewahren wir doch an ihr bereits die drohenden Anzeichen der Erstarrung und Selbstzersetzung, der unvermeidlichen Folgen des Privilegiums. Immer mehr verwischen sich deren höhere Ziele, deren Interessen für die grossen österreichischen Aufgaben, während der Gedanke, das Monopol auch in der Zukunft zu behaupten, deutlich hervortritt. Welche Bocksprünge führen einzelne Vertreter aus, um die im Interesse des Staates abgegebene Abstimmung mit den wirklichen oder vorgeschobenen Absichten der Wähler in Uebereinstimmung zu bringen? Die Verhandlungen des Parlamentes weisen eine grosse Armuth an positiven politischen Gedanken, einen bedenklichen Reichthum an allgemeinen humaniären Wendungen auf, welche immerhin schön klingen, aber gegenüber bestimmten Situationen ganz ohne Werth sind. Folgenschwere Zerklüftungen lockern seit lange schon den Zusammenhang der liberalen Partei. Der Bevölkerung gegenüber musste dagegen der Liberalismus gegen seinen Willen die Verantwortung für die ökonomischen und politischen Stürme der letzten Jahre übernehmen. Dass die Krise und der Dualismus aus dem Principe und dem Herrschbedürfnisse des Liberalismus entsprungen sind, ist ja selbst jenem ganz klar, welcher seine relative Bedeutung für Oesterreich durchaus nicht herabsetzen will. Wer kann leugnen, dass das Princip des *laissez-faire* viel versprochen und wenig gehalten hat? Die Vermehrung der Lasten ging mit der Verminderung der Erwerbsquellen Hand in Hand. Der Virtuosität in Handhabung der Steuerschraube entsprach die Aengstlichkeit, als es galt, Abhilfe zu schaffen. Sogar die Verwendung der votirten Hilfsgelder hat, vielleicht mit Unrecht, die Bevölkerungen nicht befriedigt. Man fängt bereits an, zwischen der Form der liberalen Idee und deren realen Ausbildung viel selbstständiger nachzudenken und geräth dadurch, je nach dem individuellen Bildungsgange, entweder in eine radicalere Anschauung, oder zur Negation des gesammten Liberalismus. Dieser deutlich hervortretenden Einbusse an Macht sucht nun allerdings der Liberalismus durch den Schlachtenruf „keine Mehrbelastung" zu begegnen, durch welchen er neue Sympathien zu erringen hofft. Dabei ist jedoch die unleugbare Gefahr vorhanden, in Collision mit den reellen Machtbedürfnissen des Staates zu kommen, wodurch natürlich das liberale System in Widerspruch mit seiner ganzen bisherigen Leistung und in eine ähnliche politische Situation geriethe, wie einst die Conservativen. Der nächste Ausdruck dieser Situation wäre offenbar die Verschärfung des ungarischen Uebergewichtes auf Kosten Cisleithaniens, welche die liberale Partei und das ganze constitutionelle System der Westhälfte im weitern Verlaufe noch sicherer ihrer Machtstellung berauben wird.

Soviel ist klar, dass die ganze politische Triebkraft

der cisleithanischen Constitution nur von dem aufrichtigen Anschlusse der conservativen und nationalen Bestandtheile an die gemeinsame Arbeit abhängt. Die Achillesferse der ganzen politischen Situation, die Concurrenz mit Ungarn um die Präponderanz oder wenigstens die Parität in der staatlichen Gemeinschaft, muss die Liberalen zu Concessionen bewegen, um die Cooperation aller Elemente su erzwingen, welche irgend einen Machtfactor bilden. Sie können ihr mühsam aufgezogenes Kind nicht der Verkümmerung preisgeben, und werden es vorziehen einer concurrirenden Partei einige Bewegung zu gestatten. Die Abtrennung des Grossgrundbesitzes zu einer verfassungsfreundlichen conservativen Partei, wäre keine reelle Abschwächung des Liberalismus. Hat doch vielmehr die historisch wohl motivirte, politisch gewiss verderbliche Verquickung heterogener Elemente in den grossen Topf der Verfassungspartei gerade jene gesunde Reibung verhindert, aus welcher die Liberalen aller Länder stets erneute Impulse gewonnen haben. Die Partei selbst empfindet heute schon die drückende Last jener unnatürlichen Association. Die grössere Einigung in den politischen Zielen, die Schwächung der nationalen Gegensätze, der grössere dynamische Effect des geeinigten Cisleithaniens würden den Liberalismus reichlich für den Verlust einiger ohnedies der Gesinnung nach heterogenen Elemente entschädigen.

Der Conservative wird heute klarer als früher einsehen, dass er einen verhängnissvollen Irrthum beging, als er die constitutionelle Kampfesform verschmähte. So lange er sich auf dem gefährlichen Boden des Föderalismus bewegte, konnte er niemals regierungsfähig werden, Oesterreich weder nach innen noch nach aussen vertreten, weil er ja keine geeinigte Macht, höchstens ein passives Aggregat hinter sich hatte. Wenn die Föderation das Gleichgewicht aller Machtfactoren des

Staates ist, so kann dieselbe nur nach und nach aus dem Kampfe von staatlichen und provinziellen Socialformen in normaler Weise herauswachsen. Die Erfahrungen der letzten Jahre überheben uns vollständig der Mühe, für eine Centralvertretung unter allen Umständen einzustehen. Die Einseitigkeiten derselben können nur durch den legitimen Einfluss des Conservatismus auf constitutionellem Wege gemildert werden. Hat der voreilig betonte föderale Standpunkt nur den Gegner gekräftigt und den Conservatismus völlig isolirt, so muss die constitutionelle Anpassung demselben Anhänger aus allen Lagern zuführen. Die aufrichtige Betretung des legitimen Kampfgebietes wird den Conservatismus wieder in den Vordergrund der politischen Discussion bringen und ihn von den dogmatischen Schrullen befreien, welche jeder schwächliche Rückzug aus dem politischen Kampfe unfehlbar erzeugt.

Da keine politische Partei erfahrungsgemäss dem Gegner freiwillig einen noch so bescheidenen Antheil an der Herrschaft einräumt, so hängt die Lebensfähigkeit der conservativen Anschauung natürlich von der Kraft und Geschicklichkeit ab, welche die vom Liberalismus bedrohten Kreise zur Vertheidigung ihrer Sache aufzubieten im Stande sind. Da sehen wir nun und besonders bezüglich der Coaliirung in Oesterreich nicht viel Gutes. Der Adel colportirt am häufigsten die Auffassung, dass die Bildung einer das ganze Reich umfassenden conservativen Partei nicht möglich ist. Das Scheitern des Conservatismus in Böhmen dient hiebei als entscheidendes Argument. Allerdings findet sich der Adel fortwährend im geselligen Verkehre, im verwandtschaftlichen Kreise, oder auf religiösem Gebiete zusammen. So wichtig diese Berührungen immerhin sind, so erfüllen sie bei weitem nicht einmal im engsten Kreise die Aufgabe, die einzelnen Thätigkeiten anzuspannen und zu leiten. Viel weniger reicht dies zur Heranziehung der ferner stehenden Kräfte hin. Es wurde bereits darauf hingewiesen, dass der niedere, neuerer Zeit ziemlich agressiv ausgebildete Clerus sich auf die Nationalidee geworfen hat. Die hohe Bureaukratie und der hervorragende Theil des neuen Adels, wie der Militarismus bilden mit wenigen Ausnahmen abgesonderte Coterien, deren Sympathien dem Liberalismus gehören. Die übrigen wissenschaftlichen, kirchlichen und weltlichen Corporationen führen alle den Kampf um die Existenz isolirt durch, so gut es eben geht. Von einem inneren Zusammenhang aller dieser im Wesen nach conservativen Elemente, wie man ihn z. B. in Preussen handgreiflich beobachtet, ist in Oesterreich keine Spur zu bemerken. Es sieht fast so aus, als ob der Pessimismus, der Zweifel an dem Bestand Oesterreichs, der einzige Kitt zwischen diesen Elementen sei. Dieser durch und durch patriotische Pessimismus ist aber offenbar nichts anderes, als eine eigenthümliche Form lethargischer Unzufriedenheit. Sollte wirklich in Oesterreich nichts zu erhalten sein?' Kein tieferer Beobachter dürfte diesen Satz unterschreiben, wenn er nur annähernd die Fülle von kerngesunden Elementen überschlägt, über welche dieser Staat trotz aller Fortschritte der liberalen Action heute noch verfügt. Aus den düsteren Prophezeiungen über den Verfall Oesterreichs ist doch nur die Folgerung zu ziehen, dass die Aufgabe, die conservativen Elemente zu sammeln, immer dringender wird. Das Scheitern der bisherigen conservativen Bestrebungen erklärt sich leicht aus dem Umstande, dass der Aufbau von oben, statt von der Basis aus begonnen wurde. Es handelte sich dabei durchaus nicht von vornherein um eine neue, in gewissem Sinne revolutionäre Staatsform, sondern um wirkungsvolle Thätigkeit der einzelnen Gruppen, um Erzeugung von lebendiger Kraft durch gegenseitige Anpassung der Einzelnbestrebungen zur gemeinsamen Action. Mit Unrecht appellirt der Conservatismus immer von Neuem an die Krone, als ob es in ihrer Macht läge, ihm zu helfen, wenn er selbst noch zu träge ist, sich seiner eigenen Haut zu wehren! So lange kein ernstlicher Versuch erneuert wird, die verwandten Elemente näher zu bringen und mit dem Princip der gemeinschaftlichen Arbeit vertraut zu machen, ist ein wesentlicher Fortschritt in conservativem Sinne unmöglich, geschweige denn, dass er je zu Macht gelangen könnte. Nur wenn der Conservatismus als kräftige Concurrenzform auftritt, ist er mehr als eine individuelle Grille, und hat Anspruch auf Beachtung positiver Politiker. Ein grosser Theil unserer conservativen Kräfte ist aber heute mehr denn je in stumpfe Apathie versunken, deren richtigste Bezeichnung das *Kismet* der Orientalen ist.

Selbstverständlich würde der Schwerpunkt einer jeden kräftigen Initiative dem Grossgrundbesitz und besonders dem böhmischen Grossgrundbesitz in seiner Totalität zufallen, weil eben nur in einem einheitlichen Vorgehen desselben die Gewähr grösserer Machtentfaltung gegeben ist. Eine politische Partei darf gewiss um keinen Preis einen kastenmässigen Anstrich gewinnen, und wird nur in dem Maasse wirken, als es ihr gelingt, Theilnehmer aller Classen der Bevölkerung an sich zu ziehen. Anderseits lässt sich nicht in Abrede stellen, dass wie der Historiker Leo sich ausdrückt, eine bestimmte Haltung der unabhängigsten Kreise ein Magnet ist, welcher als Keim einer sittlichen Macht eine starke Anziehungskraft auf die minder bevorzugten Existenzen ausübt. Diese Benützung der in der individuellen Stellung liegenden Vortheile zum Concurrenzkampfe ist geradezu die Berufspflicht des Adels, welche bekanntlich keine wie immer geartete Gruppe ohne eigenen Schaden vernachlässigt.

In dem politischen Wettkampfe entscheidet das grössere Maass von Thätigkeit und von Gewandtheit im Gebrauche der gesetzmässig gebotenen Kampfesmittel, welche nur durch langjährige Uebung erworben wird.

Ebenso wichtig sind die politischen Cooperationsformen, welche jede Zersplitterung von Kräften verhindern und die gegenseitige Assimilirung der Ansichten anbahnen. Lord Beaconsfield schärfte am 8. August 1878 seiner Partei ein, es sei ein grosser Irrthum, anzunehmen, dass politische Ueberzeugungen, wenn organisirt, etwas von ihrer Aufrichtigkeit und Macht verlieren; bei der Leitung öffentlicher Angelegenheiten sei nichts werthvoller als Parteidisciplin. Der dynamische Moment der politischen Parteien beruht weniger auf der Kopfzahl als in dem Gewichte ihrer Mitglieder, vor allem aber in der Anpassungsfähigkeit der Parteiprincipien, an die jeweiligen grossen Bedürfnisse des Staates. Jeder beurtheilt nach diesem letzteren Moment instinctiv die Lebensfähigkeit von politischen Parteien, deren Macht unaufhörlichen Schwankungen unterworfen ist, je nachdem es ihnen gelingt, durch glückliche Lösung der Tagesfragen Anhänger zu gewinnen. Da somit jede politische Partei genöthigt ist, ihre socialen, wirthschaftlichen und sonstigen Ansprüche durch Leistungen für die Staatsgemeinschaft zu erkaufen so bewirkt dieser friedliche Wettkampf der Parteien eine ungemein fruchtbare Anspannung der Kräfte und eine genaue Beobachtung aller concreten Staatsbedürfnisse. Andererseits zwingt die Nothwendigkeit zu fortwährenden Compromissen, und daher zur gegenseitigen Anpassung, zur Näherung der extremsten politischen Parteien. So kräftigen anscheinend erbitterte Kämpfe sicherer als jedes andere Machtmittel das Bewusstsein staatlicher Zusammengehörigkeit, aus dem sich das Nationalgefühl entwickelt.

V.

Wir versuchen im Nachfolgendem aus unseren allgemeinen Formeln einige praktische Consequenzen zu ziehen, verkennen jedoch nicht, dass das Bedürfniss eines neuen Programms für eine conservative Partei damit noch nicht annähernd gelöst ist. Wahrhaft collectiv wirkende Programme wachsen nur aus gründlichen Discussionen aller Betheiligten heraus; auch würde eine erste Verständigung auf schriftlichem Wege weit mehr Zeit und Raum erfordern, als uns zu Gebote steht. Es mögen daher unsere Bemerkungen nur als Anhaltspunkte einer Verständigung genommen werden, welche durchaus keinen Anspruch auf gründliche Behandlung der einzelnen, discutirten Fragen erheben. Abweichende Ansichten über die Ausführung des Einzelnen sind natürlich in jeder Hinsicht berechtigt und willkommen. Nur über das allgemeine, den Vorschlägen zu Grunde liegende Princip können keine Concessionen eintreten, wenn man nicht den conservativen Standpunkt aufgeben will. Denn es ist doch wohl klar, dass man eine Gruppe zwar durch die verschiedensten Eingriffe zerstören, aber nur auf eine Art erhalten kann, indem man nämlich ihre Thätigkeit erhält.

Bezüglich der äusseren Politik wird das lebendige Bewusstsein von dem Berufe der Staatenbildungen klar auf eine kräftige Vertretung der Interessen des Gesammtstaates hinweisen. Auf diesem weiten, gegenwärtig fast unbebauten Felde ist es dem Conservatismus leicht, die meisten der concurrirenden Parteien zu schlagen, deren Standpunkt von leicht erkennbaren egoistischen Rücksichten nur zu sehr beeinflusst wird, während offenbar eine möglichst selbstlose Erwägung der Sachlage hier unerlässliche Voraussetzung sein sollte. So wird heute der grosse historische Moment des Zusammenbruches eines mit zahllosen Fäden in unsere Existenz hineinreichenden Nachbarreiches theils vom ökonomischen, theils vom nationalen Gesichtspunkte aus eine andere Beurtheilung erfahren, als vom politischen. Deutsche wie Magyaren perhorresciren die Vermehrung der Slaven innerhalb des österreichischen Staates. Die Occupation kostet 100 Millionen, wie sollen wir dieselben bezahlen? So lauten die anklagenden Stimmen der verschiedenen Parteien. Wir dürfen wohl die eine derselben fragen, ob denn wirklich der österreichische Staat nichts anderes sein solle, als ein Treibhaus für deutsche und magyarische Minoritäten? Wer dies wirklich glaubt, möge sich doch bei Zeiten vergegenwärtigen, wie kläglich die Concurrenz des Grossstaates Oesterreich mit seinen verkrüppelten Pfleglingen gegenüber den benachbarten Nationalstaaten in diesem Falle enden muss — gerade so wie in der Türkei. Sollte uns, wie ein Publicist treffend bemerkte, der Dualismus zur Rolle des Eunuchen in Europa verurtheilen? Ueberdies ist diese Besorgniss völlig grundlos. Niemals kann die opferwillige Erfüllung einer berechtigten und verheissungsvollen staatlichen Aufgabe grössten Stiles, einem gesunden politischen Systeme verhängnissvoll sein, wohl aber eine egoistisch-schlaffe Enthaltung von demselben. Die Helden der ungarischen Volksversammlungen verlangen die Bildung eines Concurrenzstaates gegen Serbien. Haben sie dabei bedacht, dass dieser Keim nur auf unsere Kosten, durch Abdrängung des Kaiserstaates von der dalmatinischen Küste, lebensfähig werden könnte? Im entgegengesetzten Falle müsste er eine Beute der besser organisirten südslavischen Nachbarstaaten werden. Die Erwägung der nothwendigen Resultate einer stürmischen Gährung von gänzlich heterogenen, seit einem Jahrtausend verfeindeten und nur in einer Anlehnung an höhere Culturen lebensfähigen Volkselementen, musste unwiederbringlich den Entschluss der österrreichischen Staatsmänner bestimmen. Die meisten Discussionen über diese Frage berücksichtigen nicht den ausschlaggebenden Umstand, das keiner der ethnischen Bestandtheile der Balkanhalbinsel eine gegründete Hoffnung haben kann, die andern zu überwinden und zu assimiliren, da jeder derselben seine eigenthümlichen Machtmittel besitzt. Eine wirklich selbstständige Existenz dieser kleinen Reiche ist bei der Nachbarschaft der grossen Staatskörper und bei der Wichtigkeit der geographischen Vortheile dieses Gebietes geradezu undenkbar. Jedermann weiss, dass gerade auf die Balkanhalbinsel der Hauptstoss des nordischen Kolosses gerichtet ist, welcher wie schon Fallmerayer betonte, „die Gesammtmasse des alten oströmischen Reiches in sich aufnehmen und als eine grosse friedliche politische Einheit dem Abendlande entgegenstellen will". Oesterreich muss diesen Kampf im eigensten Interesse der Selbsterhaltung, zugleich aber als wahre „Ostmark" unserer Culturwelt aufnehmen. Es musste sich daher zuerst eine feste Position an der für ihn gefährlichsten Stelle sichern, und sich unter keiner Bedingung vom Meere abschneiden lassen, wozu eben die Ausdehnung einer südslavischen Gruppe an der Südostgrenze in weitere Folge hätte führen müssen. Konnte doch Oesterreich nicht einmal das wiederspänstige Dalmatien bezwingen, wenn nicht die Türken „aus Gefälligkeit" eine Armee im Hinterlande desselben massirt hätten! Alle weiteren Consequenzen einer politischen Action auf der Balkanhalbinsel, wie die Concurrenz auf der Donau, der engere Anschluss von Serbien und Rumänien können erst dann gezogen werden, sowie durch die Annexion Bosniens eine sichere Machtbasis gewonnen ist. Die geographische Lage legt eben den Staaten unerbittliche Verpflichtungen auf, deren Vernachlässigung einfacher Selbstmord ist. Dass die Erfüllung derselben nicht bequem ist, räumen wir gerne ein; dürfen aber nicht übersehen, dass die Erfüllung eines so klar gezeichneten Culturmandats die politische Existenz des so vielfach angefeindeten Oesterreichs in der Zukunft wesentlich stärken muss. Die passive Politik der reinen Selbsterhaltung ist die undankbarste von allen, sie hat uns nur Feinde geschaffen, und uns schliesslich weder den Dank der Türken, noch die Sympathien der denselben unterworfenen christlichen Völker gebracht. Die unverkennbare Missstimmung der letztern hat Russland vortrefflich ausgebeutet. Jene Redner des Parlaments, welche aus der bisherigen Orientpolitik Oesterreichs den Schluss zogen, dass sie nur dem Gegner genützt habe, hätten eben auch diese Seite beleuchten sollen, welche gewiss sehr beachtenswerth ist. Man muss doch einmal sich klar werden, dass die reine Defensive das schlechteste Mittel ist, die Interessen der Staaten zu wahren, da dieselbe nicht einmal die Conflicte abhält, sondern den Gegner im Gegentheile zum Angriff geradezu herausfordert. Sogar die materiellen Vortheile, welche Jedermann gerne möglichst billig sich aneignen möchte, fallen nur jenem Staate zu, welcher die meiste staatliche Arbeitsleistung hiefür eingesetzt hat. So war, um nur eines zu erwähnen, der einzige Vortheil, welchen Oesterreich je aus seiner Nachbarstellung zur Türkei zog, der 3% Werthzollsatz, eine Frucht der Politik des Prinzen Eugen. Die spätere streng neutrale wohlwollende Haltung hat Oesterreich nicht bloss keine politischen Vortheile, sondern lauter ökonomische Niederlagen gebracht.

Ob die heute eingeleitete Action correct und am zweckmässigsten durchgeführt wurde, mögen die fachmännischen Politiker, die Führer der Parteien, von ihrem Standpunkte beurtheilen. Blicken wir lieber in die Zukunft. Sie wird uns so entsetzlich schwarz geschildert. Das Organ der „Fortschrittspartei" erfreut sich an gelehrten Parallelen mit den französischen Erfolgen in Algier. Herr von Pulsky versichert uns, dass wir zwar nicht für den *roi de Prusse*, aber für die slavische Nationalitätsidee arbeiten, welche sich ebenso gegen Oesterreich kehren wird, wie die italienische und die deutsche. Was nun die erstgenannte Parallele betrifft, so bedarf es wohl keines aussergewöhnlichen Scharfsinnes, um einzusehen, dass dieselbe unglücklich gewählt ist, da die geographischen und ethnologischen Contraste, wie sie Frankreich in Algier traf, in Bosnien nicht existiren.

Die Beseitigung der zweiten Gefahr liegt unserer Ansicht nach in der Hand der Regierung. Würde dieselbe nach der Schablone der professionsmässigen Colonisatoren verfahren und das neugewonnene Land entweder als Ausbeutungsobject für thatendürftige Gründer preisgeben, oder mit gewaltsamer Unterbrechung der historischen Zusammenhänge in die Fesseln eines starken Militärregiments schnüren, so würde allerdings das von Pulsky befürchtete Resultat unfehlbar eintreten. Die auf einer gewaltsam erzeugten *tabula rasa* mit österreichischer Hilfe etwa emporkeimende frische Cultur müsste gegen das Oesterreicherthum mit wachsender Stärke reagiren und eine willkommene nationale und geistige Anlehnung an die serbische Literatur herbeiführen, welche ja seinerzeit bekanntlich nicht einmal Kroatien verschmäht hat. An Lockungen hierzu werden es die Herren Nachbarn jenseits der Drina nicht fehlen lassen.

Es handelt sich daher offenbar darum, die geschichtlichen Differenzirungen, welche die grossserbische Race durch die türkische Eroberung erlitten hat, so weit als möglich aufrecht zu erhalten, und als solche in die österreichische Cultursphäre einzufügen. Sie bilden, wenn dies gelingt, einen starken Damm gegen ein etwaiges Ueberwallen des Südslavismus in der Zukunft. Der muhamedanische Adel bosnischer Nation kann, nach dem von ihm geleisteten Widerstande zu urtheilen, bei aller Unbildung nicht so untüchtig sein, als er immer dargestellt wird. Die Aufgabe wird sein, eine derartige Regelung der Agrarfrage herbeizuführen, dass er noch lebensfähig bleibt. Er mag noch lange Zeit eine Art Opposition bilden, welche ihm Niemand übel nehmen kann. Wer jedoch glaubt, dass er seine Lebensinteressen der südslavischen Föderation opfern wird, rechnet mit Factoren, welche nicht vorhanden sind. Das Bewusstsein der Begs besteht in ihrer Abstammung von altslavischen Adelsfamilien, welche Serbien nicht mehr aufzuweisen hat, nicht einmal in der Person ihres Fürsten. Dieses Bewusstsein ist nicht unverträglich mit dem österreichischen Staatsgedanken, im Gegentheil. Man ahme das kluge Verfahren der Russen nach, welche die kaukasischen Edlen sofort mit den verwandten Elementen Russlands und ihrer Cultur verhältnissmässig rasch zu assimiliren verstanden, ohne sie zu vernichten. Ebenso liegt es im vollsten Interesse Oesterreichs die muhamedanische und die griechisch-orientalische Religion, welche verhältnissmässig gute Elemente aufweisen, zu schonen, so lange sie nicht staatsfeindlich auftreten. Ebenso wichtig ist natürlich die Mission der katholischen Kirche in Bosnien, welche mit allen Kräften zu unterstützen ist, selbst auf die Gefahr hin, den P. P. Franciscanern etwas unangenehme Concurrenz zu bereiten. Die Vorschläge des verstorbenen Erzbischofs Rauscher sind gewiss in hohem Grade beachtungswerth.

In den Städten und den verschiedenen Industrieorten wird die Begünstigung (deutscher und magyarischer) Einwanderung sich sehr förderlich erweisen. Die Verödung des Landes in Folge der letzten Kriege dürfte dieselbe bedeutend erleichtern. Dazu müsste freilich eine wenn auch noch so primitive Selbstverwaltung in den neugebildeten Gemeinden, überhaupt eine Möglichkeit localpolitischen Einflusses den Einwanderern eröffnet werden, wenn sie sich erhalten sollen. Dieser Einfluss kann nicht künstlich geschaffen werden, er muss allmählig wachsen, aber auch systematisch vorbereitet werden. Vieles kann durch den Aufschwung des Bergbaues geschehen, wenn er nicht in die Hände der Speculanten geräth, um dann rasch zu verfallen. Der Staat sollte schon im Hinblick auf diese colonisatorische Aufgabe die Cooperation bei den Bergbauunternehmungen, wenigstens für die erste Zeit, ins Auge fassen, um den Schwindel hintanzuhalten, welcher so viele Bergwerksdistricte auf ewige Zeiten vernichtet hat. Ist doch selbst bei verhältnissmässig reichen Erzlagerstätten der erste Unternehmer selten im Stande, die Früchte einzuheimsen. Man denke an Tergowe in der Militärgrenze.

Handel und Verkehr, die Folgen des Ausbaues der bosnischen Bahnen dürften selbstverständlich am meisten zur Schaffung eines gesunden Bürgerstandes beitragen, der weder kroatisch, noch national-deutsch, sondern gut österreichisch denken wird. Gute Anknüpfungspunkte sind wenigstens in Serajewo in den österreichischen Handwerkern unzweifelhaft vorhanden. Man wecke in ihnen das Gefühl der Zusammengehörigkeit zu Oesterreich durch Berücksichtigung ihrer Interessen bei Ordnung der Gemeindeangelegenheiten so viel als möglich, und biete ihren Kindern die Möglichkeit geistiger Berührungspunkte in den österreichischen Fachschulen zu finden, da die heimischen Schulen, welche offenbar sehr gehoben werden müssten, nicht ausreichen. So wird sich, wie in der Bukowina, ein Bürgerbewusstsein herausbilden, welches allerdings nicht vollständig in einem fanatischen und räuberischen Judenthum aufgehen sollte.

Auch im Bauernstande würde sich, so weit man nach den sehr spärlichen Daten urtheilen kann, ein successiver Uebergang zur vollständigen Freiheit und Selbstbestimmung empfehlen. Hier sind die Verhältnisse wohl am schwierigsten, da der Einfluss des Phanariotenthums, wie der combinirte Druck des Feudalismus offenbar in hohem Grade demoralisirend gewirkt haben. Die Einwirkung der Kirche dürfte vorläufig fruchtbarer sein, als die des Beamten. Auch für den vom Cardinal

Rauscher befürworteten „Schulzwang" vermögen wir uns nicht zu begeistern.

Die wichtigste Aufgabe einer inneren conservativen Politik besteht weniger in einer einseitigen Bekämpfung der individualistischen Rechtsordnungen, welche nur Folge, nicht Ursache der verfahrenen gesellschaftlichen Zustände sind, als in einer zweckmässigen und harmonischen Anpassung der Socialformen, soweit sie noch dazu fähig sind, und in der Begünstigung von neuen Formen collectiver Concurrenz, falls nichts Brauchbares vorhanden ist. Dabei wird uns die Erkenntniss der Bedürfnisse, denen der Individualismus entsprang, ohne dass die früheren Socialformen sie befriedigend lösen konnten, vor der Gefahr bewahren, auf dem Wege der „Rückbildung" Erfolge zu suchen, welche nur in der Fortbildung liegen können. Wollten wir an der Hand eines trügerischen moralischen Masstabes Collectivformen erzeugen, welche eine geringere Leistungsfähigkeit besitzen, als der Individualismus, so würde der Versuch, wenn er gelänge, unfehlbar den Tod der Gesammtheit bedeuten, oder er müsste misslingen. Ebensowenig dürfen wir daran denken, den Staat, welcher in gewissem Sinne eine selbstständige Concurrenzform gegenüber den untergeordneten Gruppen bildet, für die Zwecke irgend einer Corporation zu monopolisiren. Allerdings streben die einzelnen Gruppen im Staate, sowie sie successive in der gegenseitigen Concurrenz erstarken, nach der Monopolisirung der staatlichen Machtmittel für ihre Zwecke, welche aber, sowie sie erreicht wird, die Vernichtung des Staatsgedankens zur Folge hat. Dagegen kann auch die Staatsform sich monopolistisch auf Unterdrückung der Socialformen herauswachsen, was wiederum zur Erlahmung führt. Der conservative Politiker wird alle die bestehenden oder im Keime vorhandenen Einseitigkeiten in der oben angeführten Weise zu bekämpfen suchen. Wir treten somit an die aphoristische

Betrachtung einiger wichtiger Socialformen und beginnen mit dem Adel.

Der westeuropäische alte Adel ist bekanntlich ein vielfach modificirtes Ueberlebsel, um mit Taylor zu sprechen, aus der Feudalzeit. In primitiven Entwicklungsphasen des Staates theilt die relativ schwache Staatsgewalt ihre Befugnisse mit den mächtigsten ihrer Unterthanen, welche dann wiederum einen Theil an andere abgeben. Die hieraus entspringende heftige Concurrenz zwischen Feudalismus und der allmälig erstarkten Staatsgewalt endigte in Europa durch staatliche Begünstigung des Bürgerthums zum Nachtheile des Feudaladels. Derselbe vermochte jedoch aus seiner Niederlage noch immer einen vorwiegenden Einfluss als Grossgrundbesitzer, als social dem Herrscher ebenbürtiger Stand, als Inhaber der oberen Staats- und Militärstellen zu retten. Da der Adel aus diesen Prärogativen durch die übrigen Volksclassen allmälig verdrängt wurde, so herrscht offenbar heute die Tendenz vor, den jeder thatsächlichen Macht beraubten Adelsbegriff zum Symbol einer geselligen Concurrenz herabzudrücken. Der Conservative muss dies bedauern, weil trotz aller wirklichen oder eingebildeten Schwächen das vielgeschmähte Princip erblicher Auszeichnung von hervorragenden dem Gemeinwesen geleisteten Diensten und von socialwichtigen, wenn auch wenig einträglichen Berufsarten eine der günstigsten Lösungen der individuellen Concurrenz bildet. Bei dem dominirenden Gefühl historischen Zusammenhangs genügen nicht bloss individuelle Erfolge, Standeserhöhungen u. s. w. zur factischen Aufnahme in die adelige Corporation; dieselbe setzt vielmehr eine nur allmälig erfolgende Assimilation mit derselben voraus. Die Controle der Standesgenossen regelt in bemerkenswerther Weise den Gebrauch der Kampfesmittel und mässigt dadurch die verheerenden Wirkungen des rein persönlichen Egoismus, welche bei der rein plutokratischen

Concurrenz oft in furchtbarer Weise hervortreten. Die grössere Stetigkeit der Traditionen, die Nothwendigkeit der Unterordnung unter dieselben, kräftigen offenbar die eminent socialwohlthätigen Gefühle der Pflicht und Zusammengehörigkeit, welche eine nachhaltigere Wirkung auf die Thätigkeit auszuüben pflegen, als die durch persönliche Vorzüge bedingte Initiative.

Man sieht jedoch leicht ein, dass diese fortschreitende Verflüchtigung des Adelsbegriffes in ein rein conventionelles Symbol, wie es allenfalls Ordenszeichen sind, eine grosse Gefahr für den Adel selbst ist, weil sie ihn verleitet, den Schwerpunkt seiner Existenz auf ein Kampfgebiet zu verlegen, welches den Untergang jeder bevorzugten Classe, wenn sie auch noch so sehr dasselbe beherrscht, nach sich führen muss — auf das Gebiet des Luxus und der Vergnügungen. Die ausschliessliche Ausbeutung desselben hat den französischen Adel moralisch und physisch zu Grunde gerichtet, sie hat ihn, wie Taine ausführlich schildert, buchstäblich wehrlos gegenüber seinen Concurrenten gemacht; nur so ist der furchtbare Erfolg der französischen Revolution zu erklären. Selbstverständlich folgt überdies die gesellige Bevorzugung den reellen Machtverhältnissen, so dass die Verdrängung des Adels selbst aus seinem bisher noch behaupteten Terrain nur eine Frage der Zeit ist, wenn er es nicht versteht, seiner ererbten Stellung einen reellen Hintergrund wiederzugewinnen.

Keine irdische Macht kann dem Adelsbegriffe Inhalt oder politische Macht verleihen; nur der Adel selbst vermag diese durchzuführen, und zwar durch seine nachhaltige und nützliche Anpassung an die heutigen Concurrenzbedingungen, ohne dabei seine Eigenthümlichkeit in Frage zu stellen.

Die Anpassung des Individuums betrifft nicht bloss die Erhaltung und Vermehrung seines Besitzes, sondern ganz besonders die Erwerbung geistiger Machtmittel. Dieselben werden nur selten durch Privatunterricht erreicht, am sichersten im Wettkampfe mit Altersgenossen auf öffentlichen Schulen, wo jederzeit ein durch keinerlei Nebenrücksichten beeinträchtigtes Urtheil über die relative Tüchtigkeit erhalten werden kann. Noch wichtiger ist Kräftigung des Charakters für die im öffentlichen Leben unabweislichen Reibungen. Sie wird weder im elterlichen Hause, noch im Salon erworben, sondern nur im frühen Umgang mit heterogenen, aber gutartigen Elementen. Den wohlthätigen Einfluss einer sorgfältigen körperlichen Ausbildung darf man durchaus nicht gering anschlagen. Wir ziehen sie den so häufig beobachteten dilettantischen Bestrebungen in Kunst und Wissenschaft entschieden vor. Die Anpassung besteht eben in der Erwerbung nützlicher Eigenschaften, welche wirklich zur Verwerthung gelangen. Sie drückt sich in dem allgemeinen Bewusstsein aus, dass jedes Individuum des Adels in beliebiger Weise an den öffentlichen Angelegenheiten mitwirken sollte.

Nichts wirkt bekanntlich kräftiger auf die Bekämpfung egoistischer Genusssucht, des Parasiten der bevorzugten Classen, als das ideale Moment des Pflichtgefühls gegenüber dem Vaterlande. Können wir uns wundern, wenn die von frühester Jugend ausschliesslich für die im Salon sich abspinnende Concurrenz erzogenen Herren nicht bloss geistig verflachen, sondern oft noch vor Eintritt der Mannesjahre in stumpfer Blasirtheit von der Gesellschaft sich abwenden, und nur mehr im Spiel und im Umgange mit den Damen der Halbwelt einige Anregung finden? Diese Selbstzersetzung ist die Folge eines falschen Erziehungssystems, welches jungen Leuten zu früh die Pforten leeren Genusses öffnet, ja sie förmlich zur ausschliesslichen Hingabe an denselben drängt, während diese Jahre zur Aufnahme mannigfacher und fruchtbarer

Eindrücke bestimmt sind. Die von Vielen behauptete Erschlaffung der jüngeren Generationen gegenüber ihren weit begabteren Vätern, welche doch auch die Freuden des Lebens zu kosten verstanden, lässt sich auf diese einseitige Verbildung zurückführen.

Dass die Anpassung der Corporation an die intensiveren Concurrenzverhältnisse der Gegenwart ebenso wichtig ist, wie jene des Individuums, bedarf nach dem Vorausgegangenen kaum der näheren Begründung. Das gesellschaftliche Medium bestimmt eben die individuelle Entwicklung; ein dauerndes Missverhältniss zwischen den corporativen Traditionen und dem erweiterten Bewusstsein des Individuums kann nur zur Unterdrückung der individuellen Thätigkeit oder zur Zerstörung des corporativen Bewusstseins — zur Versteinerung oder zur Zersetzung des Adels — führen. Gegenüber den wachsenden Ansprüchen des Individuums wie der von aussen auf die Gruppe anstürmenden Concurrenz kann nur die erweiterte und vertiefte Auffassung des Adelsbegriffes selbst die Corporation in den Stand setzen, den gesteigerten Machtansprüchen collectiver Selbsterhaltung zu genügen. Diese ist nichts anderes als die Zurückführung des Adelsbegriffes von dem einseitig festgehaltenen Princip der blossen Abstammung auf dessen ursprünglichen Bedeutung, welche offenbar einen erblichen Beruf in sich schloss, oder mit anderen Worten, die Umwandlung der Adelskaste in eine Aristocratie.

Die radical divergirenden und extremen Entwickelungen des Feudaladels in Frankreich und England haben die conservativen Schriftsteller des ersteren Landes aus leicht begreiflichen Gründen mit besonderer Liebe behandelt. Montalembert erklärt die wunderbare Anpassung der englischen Aristokratie an die verschiedensten Zeitbedürfnisse bei vollkommener Aufrechterhaltung ihrer Eigenthümlichkeiten und ihrer Macht durch ihre unausgesetzte Assimilirung aller geistigen und politischen Machtfactoren und ihre freieren Ansichten über weibliche Ebenbürtigkeit.[1] Tocqueville erörtert mit melancholischer Resignation wie der französische Adel dagegen seit Ludwig XIV. fortwährend Kastenreinheit für reelle Macht eintauschte und jedes Privilegium in ein Geburtsrecht verwandelte.[2] Die obersten Stände waren dergestalt von allen anderen getrennt, dass man ihre Mitglieder zählen und beiseits stellen konnte, wie den zum Schlachten bestimmten Theil einer Herde.[3] Dabei führten die zahllosen Nobilitirungen weder eine Verschmelzung der differenten Classen herbei, noch verminderten sie den im Verhältniss zur Schwäche des Adels steigenden Hass des Bürgers.[4] Das Resultat des Kastenstandpunkts war die physische, politische, sociale Vernichtung des französichen Adels.

In Deutschland verfolgen wir den unheilvollen Einfluss des französischen Systems: masslose Vermehrung des Briefadels, äusserliche Auffassung des Standesbegriffs bei innerem Verfalle, willkürliche Monopolisirung der Ritterorden und Domstifter, fortwährende Ausdehnung der Ahnenproben, um dem alten Adel den Vorrang zu sichern.[5] Im Mittelalter, wo der deutsche Adel einen gesunden socialen Beruf hatte, begnügte man sich mit der Abstammung von freien Grosseltern, d. h. mit 4 Ahnen.[6] Dabei suchte sich jeder Adelskreis von dem andern kasten-

---

[1] Montalembert, Avenir politique de l' Angleterre, p. 63.
[2] L'ancient régime et la révolution, p. 129 ff. Vergl. auch die höchst interessanten Auszüge aus den Werken von Mirabeau Vater, welche den inneren Zusammenhang dieser Anschauungen klar legen. Tocqueville, Mélanges, p. 150.
[3] Tocqueville Oeuvres complétes VIII., p. 126.
[4] L'ancient régime, p. 133.
[5] Roth v. Schreckenstein. Das Patriciat. p. 552.
[6] Die Zeugenschaft v. Schreckensteins wird wohl Niemand antasten.

mässig abzuschliessen — Standesherren, Reichsritterschaft, Landadel, Stadtadel. Die Folgen waren natürlich um so verhängnissvoller für diese Corporationen, je kleiner dieselben waren. Als die Reichsritterschaft 1750, von allen Seiten bedrängt, an Regeneration dachte, war es bereits zu spät, da sie von andern Adelsgliedern vollständig überflügelt worden war.* Bei alledem erreichte die geistige Zersetzung des deutschen Adels nur in den kleinen Residenzen dieselbe Höhe wie in Frankreich, während in den grösseren Staaten derselbe sich im Kriegs- und Staatsdienste immerhin noch leidlich regenerationsfähig erhielt. Die gesunden Keime wurden glücklicherweise durch keine sociale Revolution vernichtet, so dass heute im grossen Ganzen eine Weiterentwicklung derselben, sowohl in Norddeutschland, wie z. B. in Bayern, unzweideutig zu constatiren ist, wenn auch noch Viele bei dem unvermeidlichen Uebergange hauptsächlich in materiellen Schwierigkeiten stecken. Dazu müssen die unverkennbaren Anzeichen neuer schwieriger Concurrenzphasen nothwendiger Weise das Gefühl der Solidarität zwischen den besitzenden Classen stärken und die concurrirenden Schichten im Interesse der Selbsterhaltung noch mehr nähern, als dies bis jetzt der Fall ist.

Unser dualistisches Vaterland weist uns gewissermassen einen Kampf zwischen den beiden oben charakterisirten Richtungen. Der ungarische Adel reicht in anderer Form, aber mit ähnlichem Effecte wie in England bis in den Bauernstand hinein. Ungarn verdankt der breiten Basis, auf der sein Adel mit den activen Elementen des Landes verwebt ist, nicht minder seine Erfolge wie seiner Constitution. Dieser Zusammenhang kämpft sogar siegreich mit der Nationalitätsidee in den nichtmagyarischen Landestheilen, indem er die emporstrebenden

---

* Roth v. Schreckenstein, Geschichte der Reichsritterschaft.

Elemente der nicht magyarischen Nationalitäten zum grossen Theile ins magyarische Lager hinüberzieht.

Der deutsch-österreichische, besonders der böhmische alte Adel ist dagegen von dem neuen Adel wie von dem Bürgerthum so gut wie vollkommen geschieden, besonders in Wien. Der Grund liegt nicht in engherzigem Kastengeist, der gerade in Oesterreich wenig entwickelt ist, sondern in dem hier festgehaltenen einseitigen Massstabe socialer Ebenbürtigkeit, welcher Zwischenheiraten zwischen altem und neuem Adel, zwischen Adel und Bürgerthum kaum wünschenswerth erscheinen lässt. Die Institution erblicher Hoffähigkeit, welche Niemand verdienen kann, siegt hier über die persönliche Gesinnung, welche, wir wiederholen es, nicht principielle Scheidungsgründe zu suchen braucht, da sich der Adel dermalen in seiner socialen Stellung durchaus nicht bedroht fühlt. Nun haben allerdings die höchsten Adelsschichten durch Einwanderung seit Anfang des Jahrhunderts eine Bereicherung erfahren, dagegen sind die minder günstig gestellten Familien in dieser Epoche in ihrem Vermögen und in ihrer Stellung ganz bedeutend zurückgegangen, für welche ein Nachwuchs nicht vorhanden ist. Der neue Adel kann bei seiner vollkommenen Isolirung nur in ganz ausserordentlichen Fällen die Bedingungen socialer Ebenbürtigkeit in Generationen erwerben. Die Folge dieser besonders für den Beamtenadel äusserst ungünstigen Verhältnisse ist, dass die meisten der neu entstandenen Adelsfamilien eben so rasch wieder verschwinden wie sie emporgetaucht sind. Ebenso traurig ist es, die jungen Herren der Finanz- und Industriewelt — Söhne begabter Väter — ihr meistens weder durch die Sorgen eines Berufs, noch durch politischen oder socialen Ehrgeiz gestörtes Dasein hinbringen zu sehen. So wird einerseits der Kreis des eigentlichen Adels immer kleiner, die Kluft zwischen ihm und dem

Bürger dagegen durch die Verkümmerung jedes Nachwuchses immer grösser. Bei alledem muss hervorgehoben werden, dass nirgends so viele Ansätze zu einer mächtigen und gesunden Aristokratie vorhanden wären, als in Oesterreich wo der alte Adel durch Besitz und Tradition wie durch das ihm stets bewahrte Wohlwollen der Bevölkerung eine fast unantastbare Stellung besitzt. Wer hätte nicht bemerkt, mit welcher ungetheilten Achtung sämmtliche Parteien das Herrenhaus, sonst ein Hauptzielpunkt liberaler Angriffe, besprechen, weil in demselben ein erster Versuch einer einträchtigen Cooperation aller obersten Berufsclassen vorliegt. Dies mag ein Fingerzeig sein, wie sehr es im conservativen Interesse läge, durch Erweckung oder Befriedigung eines legitimen Ehrgeizes des neuen Adels sich, ohne jede Gefahr für das eigene Princip, Machtmittel verschiedenster Art zu sichern.

Capitalismus und Bureaukratie, die Producte individuellster Concurrenz auf materiellem und staatlichem Gebiete gelten mit Recht als die gefährlichsten Feinde aller Corporationen, weil sie mit fortschreitender Cultur stetig an Kraft zunehmen müssen. Die Concentration vieler Capitalsformen, die stete Erweiterung der staatlichen Aufgaben sind unvermeidliche Consequenzen jeder Culturentwicklung, welche nur auf Erweiterung und Verschärfung des Wettkampfes beruht. Da aber das berühmte Gesetz von der ungehemmten Concentration des Capitals nur im Kopfe seines Urhebers existirt, durchaus nicht als nothwendige Culturbedingung, hängt es lediglich von den Umständen ab, ob schädliche Wirkungen für die Gesammtheit aus der gesteigerten Concurrenz resultiren. Offenbar kann bei richtig fortschreitender correlativer Anpassung sämmtlicher socialer Atome eines Staates die wachsende Einseitigkeit der aggressiven Bewegung, welche eben in der Zerstörung der Mittelglieder besteht, lange mit Erfolg bekämpft werden. Dafür ist aber freilich unter der liberalen Aera nichts geschehen, weil man das Schiboleth der individuellen Freiheit um keinen Preis antasten wollte. Man hat sogar mit vieler Mühe das zu zerstören gesucht, was aus der früheren Zeit umbildungsfähig auf uns gekommen ist. Die Rechtsanschauungen der Gesetzgebung hatten jene verderbliche Sinnesweise grossgezogen, die bei jeglichem Berufe und Erwerbe von keinerlei Rechtsberuf und Pflicht gegen die Gemeinschaft etwas wusste, sondern ihn nur als eine dem blossen Eigeninteresse dienende, nur noch durch die blossen Strafgesetze in Schranken gehaltene Privatthätigkeit auffasste. Ein kräftig angepasster Adel braucht die nivellirende Thätigkeit der Bureaukratie bei tüchtigem Gebrauche der gewährten Mittel wenig zu fürchten. Dies gilt auch von allen übrigen Ständen und Berufsclassen. In dem Masse als die Fähigkeit der corporativen Selbsthilfe bei denselben geweckt wird, wächst das Selbstvertrauen, die unentbehrliche Voraussetzung jeder Thätigkeit und damit ihre Widerstandskraft. Die feindlichen Mächte selbst müssen corporativ gebändigt werden. Dem vollkommen isolirten oder durch egoistische Motive bestimmten Capitalismus könnte durch vorsichtige und successive Aufnahme in den Adelsverband ein Interesse für collective Zwecke schon durch das Bestreben, seiner Familie eine dauernde Stellung zu erhalten, eingeflösst werden. Auf einem gesunden Bewusstsein der Beamten- und Militärcorporation beruht bekanntlich nicht bloss deren gemeinnützliche Thätigkeit, sondern auch der Schutz ihrer einzelnen Mitglieder, womit das Bedürfniss, gegen die übrige Gesellschaft sich zu kehren, wegfällt. Eine aggressive Haltung dieser Corporationen wird heute weniger als früher zu fürchten sein. Ebensowenig, dass der Bureaukratismus unter dem Hader der Parteien wieder obenauf schwimme; die Schrecken desselben haben sich in Deutschland, dem Lande der Beamten, seitdem die Bevölkerungen den Gebrauch ihrer gesetzmässigen Waffen erkannt haben, bedeutend gemindert, während die wirkliche Berufsthätigkeit des Beamten gewöhnlich besser ausgefüllt wird als früher. Die von conservativer Seite früher oft geführte Klage, dass die Vertretungskörper vorwiegend Beamte enthalten, ist aus diesen Gründen in wenig Jahren ziemlich gegenstandslos geworden. Die Macht der Bureaukratie tritt so vollkommen hinter jener der anderen politischen Parteien zurück, dass jene Beamten, welche gewählt werden wollen, gezwungen sind, sich den letzteren anzuschliessen.

Sehen wir ab von den Elucubrationen liberaler Blätter, welche mit anerkennenswerther Geschicklichkeit das, warum es sich handelt, zu umgehen wissen, so ergibt eine unparteiische Würdigung der Kundgebungen der einzelnen Berufsclassen eine so merkwürdige Uebereinstimmung derselben sowohl unter sich, wie mit den hier vertretenen Anschauungen, dass die Voraussetzung eines Zufalls oder einer blossen Connivenz völlig ausgeschlossen ist. Die durch die „freie Concurrenz" angerichteten Schäden sind nach allen Richtungen so gross, dass sie als geradezu unerträglich bezeichnet werden. Dieses unglückliche Princip hat der Gesammtheit weder bessere noch billigere, sondern theuere und schlechtere Leistungen gebracht und bedroht uns noch dazu mit einer derartigen Demoralisation aller Berufsclassen, dass die Rückkehr zu den primitiven Formen individueller Selbsthilfe gegenüber dem „verzogenen" Pöbel unvermeidlich scheint.

Dass die Rufe nach Umkehr gerade von solchen Berufsclassen her erschallen, welche die incarnirten Vertreter der freien Concurrenz von jeher gewesen sind, mag den Conservativen ein Beweis für die Nothwendigkeit seines Princips im Staatsleben sein. Es kann ihm dabei völlig gleichgültig sein, ob dieser Process der Umkehr als das völlige Ausleben und Erschöpfen der bisher noch übrigen Formen oder als Wiederbelebung und Weiterbildung des Alten aufgefasst wird. Darüber wird die Zukunft richtiger urtheilen als die Gegenwart. Das Wesentliche ist uns, dass das gesammte Bürgerthum in seinem eigensten Bedürfniss der Selbsterhaltung, im Interesse seines gemeinnützlichen Berufes, auf Beschränkung der individuellen Concurrenz hinarbeitet. England, als das Land der Freiheit, hat da überall als Beispiel zu dienen, da es die auf dem Continent angestrebten corporativen Gliederungen grösstentheils schon durchgeführt hat. Die Advocaten und Aerzte werden durch das Bedürfniss der Nothwehr gegenüber dem Schwindel und der Reclame auf Standesordnungen und Ehrengerichte hingedrängt, wie viele mehr oder minder öffentliche Discussionen in Oesterreich und Deutschland beweisen. Bemerkenswerth scheint die innerhalb derselben oft hervorgetretene Befürchtung, dass der wissenschaftliche Geist durch die zügellose Concurrenz nothwendig leiden müsse, ja, dass derselbe schon gelitten habe.

Der Gewerbestand ist bekanntlich in Deutschland wie in Oesterreich durch die freie Concurrenz, durch jene des Fabriksbetriebes, durch den Verfall des Lehrlingsverbandes, die mangelhafte Festigkeit des Arbeitsvertrages u. s. w. an den Rand des Verderbens gebracht worden. Gesunde Anstrengungen zur Verbesserung richten sich gegen die freie Concurrenz auf den (meistens hart errungenen) Muster-Marken-Patentschutz; gegen die Fabriksconcurrenz auf die Bildung von Genossenschaften, auf eine grössere Specialisirung und sorgfältigere Durchbildung der Gewerbetreibenden, auf grössere Anwendung des Maschinenwesens beim Kleinbetriebe.* So erfliessen in Deutschland von competenter nicht retrograder Gesinnungen verdächtiger Seite folgende Vorschläge zur künftigen Gewerbeordnung:

---

* Ein Wort über principielle Reform der deutschen Gewerbeordnung von der Hamburgischen Gewerbekammer. Hamburg 1878.

1. Trennung des Fabriksgesetzes von der eigentlichen Gewerbeordnung.
2. Befreiung der Gewerbeordnung von allen Bestimmungen, welche polizeilicher oder civilrechtlicher Natur sind, oder in sonstige Specialgesetze gehören
3. **Entwicklung des Innungsrechtes und der den Innungen (freien Vereinen) zustehenden gewerberechtlichen Befugnisse zum Ausgangs- und Angelpunkte der Kleingewerbeordnung.**
4. Principielle Uebergabe der gewerblichen Erziehung, sowohl derjenigen mittelst der Lehre (welche hiebei nicht bloss vom gewerblichen, sondern auch vom moralischen Standpunkte zu betrachten ist), als derjenigen mittelst der Fachschule an die fachgewerbliche Corporation.
5. Ausarbeitung einer eigenen, sowohl den besonderen Verhältnissen der Grossindustrie, beziehungsweise ihren verschiedenen Branchen, als den socialen Zeitbedürfnissen und dem Momente des öffentlichen Rechtsbewusstseins entsprechenden Fabriksgesetzgebung.

Mit diesen Vorschlägen stehen die in den österreichischen Gewerbekammern, besonders aber in der niederösterreichischen, herrschenden Ansichten in einem ziemlich auffallenden Gegensatze. Derselbe drückt sich zunächst in dem Bestreben aus, das Princip der gewerblichen Genossenschaften im Hinblick auf die finanziellen Misserfolge der meisten derselben vollkommen über den Haufen zu werfen. Dieselben Stimmen verlangen, dass die Unterscheidungen zwischen Fabrik und Gewerbe fallen gelassen werden. Man steuert somit einem Ziele zu, welches Deutschland nach traurigen Erfahrungen zu verlassen im Begriffe steht. Von anderer, gänzlich unabhängiger Seite ist bereits darauf hingewiesen worden, dass die Hilfskassen einer weit breiteren Basis von Gegenseitigkeit bedürfen, als sie die „Innungen" zu bieten vermögen. Dessenungeachtet braucht das Princip der Innungen nicht vollständig aufgegeben zu werden. Hier ist der Punkt, wo der Conservatismus seine Bemühungen ansetzen und die Erfahrungen anderer Länder zu Hilfe rufen kann. Und zwar handelt es sich durchaus nicht um staatliche Begünstigungen auf Kosten des Fabrikwesens, sondern bloss um Erhaltung des Gewerbes, besonders in den Gebieten, welche eine höhere Ausbildung des Arbeiters und nicht die Massenproduction zur Grundlage haben. Der Standpunkt der Regierung ist in diesem Punkte, so viel uns bekannt, ein vermittelnder zwischen den Anforderungen des Liberalismus und den früheren Zuständen, so dass der „Entwurf einer neuen Gewerbeordnung" sehr wohl als Ausgangspunkt conservativer Bestrebungen gelten könnte, freilich mit der Voraussetzung, dass derselbe in einigen Punkten noch weiter unserer allgemeinen Anschauung angepasst werde.

Die vorstehenden Erwägungen eröffnen uns endlich den Weg zur verständigen Behandlung des brennendsten Problems der Gegenwart, der Socialdemokratie. Der Eintritt des Arbeiters in die politische und materiell-sociale Concurrenz ist eine nothwendige Folge der früheren gesellschaftlichen Evolutionen, ganz besonders der letzten derselben, welche eine freie Bewegung des Individuums im Kampfe ums Dasein angebahnt haben. Wir fassen die fragliche Bewegung weniger als Ausfluss materieller Noth auf, als des Machtbewusstseins der geringst begünstigten Existenzen in Folge ihrer starken Vermehrung. Sie gebieten dazu noch über die geistigen Waffen der modernen Cultur; dieselben werden ihnen von einzelnen Mitgliedern der bevorzugteren Classen theils in uneigennütziger, aufrichtiger Ueberzeugung, theils aus egoistischen Motiven zur Verfügung gestellt, wodurch die Concentration der concurrirenden Elemente zu einer politischen Partei rasche Fortschritte gemacht hat. Wir werden jedoch immer festhalten müssen, dass die Wissenschaft nur Handlanger, nicht Urheber einer Bewegung ist, welcher positive Machtverhältnisse zu Grunde liegen.

Die diese Bestrebungen vertretende Literatur trägt übrigens mit wenigen ehrenwerthen Ausnahmen, so sehr den Stempel aggressiver Tendenz, dass die Hoffnungen auf einen stetigen Fortschritt objectiver Erkenntniss auf dem von ihr eingeschlagenen Wege ziemlich gering sind. Eine unbefangene Würdigung der älteren historischen Gesellschaftsformen, sowie die umfassende Darstellung reeller Missstände der Gegenwart dürften wohl das bleibende Ergebniss ihrer Thätigkeit ausmachen. Selbst die dem Socialismus principiell befreundeten Fachmänner haben die gefährliche Einseitigkeit der Hauptschlagworte beleuchtet, welche Marx und Lassalle in die Massen hineingeworfen haben. Diese socialistischen Wortführer decken zwar mit ihrer subtilen Dialektik die wirklichen und scheinbaren Fehler der grossen Dogmatiker auf, kämpfen aber im Grunde mit gleich schädlichen Waffen einseitiger Abstractionen (Werththeorie, Concentration des Capitalismus) und gerathen schon dadurch auf weit grössere Abwege, dass ihr Standpunkt weit weniger objectiv ist. Selbst die Gruppirung der positiven Thatsachen erfolgt eigentlich nur im Sinne agitatorischer Verwerthung, nicht der gründlichen und allseitigen Beleuchtung des Thatbestandes. So vollzog sich eine ähnliche Selbstzersetzung der Abstraction auf dem ökonomischen Forschungsgebiete, wie sie für die deutsche Philosophie bereits früher eingetreten war. Sie spiegelt sich klar in dem Schlussresultate des Socialismus, welches auf Aufhebung der Concurrenz, der einzigen Triebfeder menschlicher Thätigkeit, hinausläuft. Aus dieser Sackgasse ist kein Entrinnen möglich, am wenigsten durch die Hilfe der Deszendenztheorie.

Daher brechen die begabten Vertreter des Socialismus entweder ab, sowie das Zerstörungswerk der alten ökonomischen Anschauung vollendet ist, oder sie suchen uns mit Güte oder Gewalt auf die primitivsten Gesellschaftsformen zurückzuführen, gerade sowie die Junghegelianer seinerzeit die deutschen Zustände für unverbesserlich und den reinigenden Einfluss des nordischen Kolosses als einziges Rettungsmittel erklärt haben!

Die schlimmste Seite jenes Missbrauches der Wissenschaft liegt in ihrer aufregenden Wirkung auf eine zum Bewusstsein ihrer Macht gelangte Volksclasse, welche über Werth oder Unwerth der Theorie nicht zu urtheilen vermag, dagegen begierig die Zusicherung des politischen Uebergewichts im Staate für die Zukunft ergreift. Es scheint fast, dass die Vorschläge über positive Verbesserungen des Loses der Arbeiter für weniger wichtiger gehalten werden, als die Erhaltung des Massenzusammenhanges für den erwarteten politischen Kampf. Die deutschen Arbeiter verweigern Auskünfte in den hierauf bezughabenden Enquêten und verhindern sogar, nach verlässlicher Angabe, ein ander gegenseitig Ersparnisse anzulegen, damit die Kluft gegen den Capitalisten nicht ausgeglichen werde. Charakteristisch sind die gröbsten Agitationen gegen die Hirsch'schen Gewerkvereine. Aus alledem geht unzweifelhaft hervor, dass die Hoffnung, das Versprechen der Wissenschaft bald einzuheimsen, in Deutschland das Bewusstsein der Arbeiter erfüllt. In Oesterreich sind die Dinge noch allerdings nicht so weit, da die politischen und nationalen Kämpfe heute noch alle Aufmerksamkeit beschäftigen; doch indem dieselben hie und da schon so viel Geschmack an den einschlägigen Discussionen finden, dürfte der Eintritt der österreichischen Arbeiter in die Bewegung nur eine Frage der Zeit und der Umstände sein.

Das Verhalten der liberalen Parteien gegenüber diesen neuen Bestrebungen ist nahezu vollkommen ablehnend zu nennen. Die wissenschaftliche Bekämpfung des Socialismus ist mit Recht als wahrhaft jämmerlich bezeichnet worden; der Individualismus kann eben keine vernünftigen Argumente vorbringen, welche ihm nicht selbst gefährlich würden. Wer die heute noch vorwiegend herrschenden Ansichten seiner politischen Vertreter kennen zu lernen wünscht, sei auf die jüngst erschienene Schrift von L. Bamberger, „Deutschland und der Socialismus"; Leipzig 1878, verwiesen. Wir finden darin Enthüllungen über den moralischen Werth der „eleganten" Agitatoren und über die verrätherischen Absichten der Conservativen und des Katholicismus mit ihrem unversöhnlichen Hass gegen den Bürger, Vorwürfe gegen die Apathie und den kleinlich regionalen Geist des deutschen Bürgerstandes. Der Hauptvorwurf trifft jedoch die deutsche Wissenschaft welche sich erlaubt hat, den Socialismus zu besprechen, wodurch sich die verheerenden Angriffe auf das Eigenthum bereits von den Kathedern auf die Bureautische verpflanzt haben. Hat sich nicht sogar Fürst Bismarck zu der „bedenklichen" Aeusserung verstiegen, dass er gegen „Productiv-Associationen" mit staatlicher Beihilfe principiell nichts einzuwenden hätte? Dass des „herostratischen Zuges" der Socialisten gedacht wird, ist natürlich. Freilich wird dabei der naheliegenden Parallele mit den Heroen der französischen Revolution, den Begründern des Liberalismus, welche gerade auch keine Lämmer waren, sorgfältig aus dem Wege gegangen! Eine solche theoretische Vertheidigung, welche die eigentliche Frage gänzlich umgeht, ruft unwillkürlich den Spott selbst Jener herbei, welche, wie Schreiber dieses, offen anerkennen, dass in der Praxis einige conservativ denkende Grossindustrielle ohne weiters glückliche Anläufe zur Verbesserung des Loses ihrer Arbeiter mit dem besten Erfolge genommen haben.

Gerade diese zum Theil sehr wohlgelungene Initiative hellsehender Capitalisten weist uns auf den richtigen Weg, auf welchem der Socialismus bekämpft werden kann. Die einseitige agitatorische Theorie wird der bevorstehende Umschwung in der Methode der Nationalökonomie und die zunehmende Erstarkung einer auf positiven Beobachtungen beruhenden Socialwissenschaft am sichersten auf ihr wahres Werth-Niveau herabdrücken. Für die Praxis acceptiren wir dankschuldigst das Material an begründeten Beschwerden, welche den wahrhaft gesunden Kern der socialistischen Agitation bilden. Insoferne missbilligen wir die principiell ablehnende Haltung des Liberalismus, weil sie den Antagonismus zwischen Arbeit und Capital verschärft, während derselbe nicht vollständig verschwinden kann, wohl aber für den Staatsorganismus unschädlich gemacht werden sollte. Dies geschieht nicht durch Unterbindung der individuellen Thätigkeit, sondern durch Verhinderung deren Ausschreitung, durch ein richtiges Gleichgewicht zwischen den an und für sich gleichwichtigen Kraftelementen. Da eine theoretische Ausgleichung von Staats wegen niemals möglich ist, so verlangen wir das Recht der Selbsthilfe und Selbsterhaltung innerhalb der zulässigen Grenzen für unsere gottlob noch kräftigen Bauernbevölkerungen, damit sie nicht zu hilflosen Proletariern herabsinken, und eine Anpassung der Arbeiterclassen an corporative Formen, welche deren Interessenvertretung gegenüber ihren Concurrenten verschiedenster Art übernehmen, dafür aber auch die chaotisch unverbundene Masse der Individuen in höhere autoritativ verbundene Associationen überführen.

Die vorliegenden Aufgaben bilden den Schlussstein in dem Systeme correlater Anpassung aller socialen Formen an die veränderten Concurrenzbedingungen, wodurch die Solidarität sämmtlicher Concurrenzgruppen wiederum hergestellt wird, welche das oberste Postulat der conservativen Thätigkeit bilden muss. Dasselbe Gesetz, welches uns zur Abänderung der früher monopolistisch ausgewachsenen socialen Gruppen zwingt, wenn wir dieselben erhalten wollen, beherrscht auch die Organisation der später zum Selbstbewusstsein gelangenden Kraftelemente. Es heisst nicht Classenhass säen, wenn man die natürliche und unausweichliche Concurrenz dieser Gruppen in höhere Bahnen zu lenken und dadurch die Rückbildung zu niedern Concurrenzformen — der nackten Gewalt — oder Unterdrückung der Concurrenz-Erschlaffung — hintanzuhalten sucht. Die Erschlaffung jedes Bestandtheiles der staatlichen Gesellschaft bedroht unfehlbar in stufenweiser Wechselwirkung die übrigen Theile und das Ganze. Die Beherzigung der Naturgesetze, welche ja in ihrer höheren Anwendung die Culturgesetze sind, dient uns als Leidfaden zur prophylactischen Behandlung von socialen Störungen. Von dem Erfolge der socialen Hygiene hängt offenbar das Schicksal der europäisch-christlichen Cultur überhaupt ab; die antike Welt ist über die Concurrenz der oberen Stände nicht hinausgekommen; sie hat die anderen Stände ignorirt, oder durch kastenmässige Ausbildung überhaupt jede Concurrenz aufgehoben. In der Möglichkeit den „vierten Stand" in höhere Concurrenzformen zu bringen, liegt die Bedingung unserer Superiorität für die Zukunft, die immer schwierigere Ausgleichung kleinlicher ungünstiger Naturverhältnisse durch kräftige Anpassung und vermehrte Thätigkeit. Sind wir nicht mehr im Stande, unsere Kräfte durch höhere Organisation zu vervielfältigen, so muss das Uebergewicht der grossen Continente mit ihren unermesslichen Anregungen für menschliche Thätigkeit den Gang der Geschichte beherrschen.

In eine nähere Besprechung der einschlägigen Bedürfnisse der Arbeiterwelt brauchen wir wohl nicht einzugehen, da dieselben ohnehin der öffentlichen Discussion fast in ganz Europa unterliegen, aus welcher sich wohl Jeder sein Urtheil bilden kann. Das Princip directer

Staatssubventionen für die Associationen kann wohl heute als überwunden betrachtet werden; etwas aufgeklärte Arbeiterbevölkerungen perhorresciren selbst derartige utopistische Velleitäten. In Frankreich z. B. denkt Niemand mehr an Staatshilfe, nur an Selbsthilfe durch Association. In Deutschland bilden die von Bischof Ketteler für die Katholiken aufgestellten Programmpunkte eine vortreffliche Basis für fernere Discussionen, welche wohl den verschiedensten allgemeinen Standpunkten, soweit sie überhaupt die Frage lösen wollen, annehmbar erscheinen wird. Das aufrichtige Zusammenwirken conservativer Kräfte muss hier unzweifelhaft zu festbegründeten Forderungen führen, deren Erfüllung von dem politischen Gewichte der conservativen Partei in den Provinzen und dem Centrum abhängt.

Umfassendere Bemühungen dürfte das vergleichende Studium unserer so sehr local divergirenden Landbevölkerungen erfordern. Allerdings dürfen wir voraussetzen, dass hier noch relativ günstige Verhältnisse in jeder Richtung obwalten, deren endgültige Regelung leichter ist als in den meisten Nachbarstaaten. Gerade dieser Umstand muss jedoch massgebend sein, die ernsteste Aufmerksamkeit dieser Frage zuzuwenden, damit ein von oben zusammengefügtes Gebäude nicht vom Grund aus einstürze.

Aus diesen allgemeinen Prämissen ergibt sich ein zusammenhängendes System von Leistungen, deren Erfüllung eine conservative Partei anstreben muss. Wir fassen dieselben im Folgendem zusammen:

1. Kräftigung des österreichischen Gesammtstaates durch eine energische Politik nach Aussen und rückhaltslose Anerkennung des Constitutionalismus nach Innen.
2. Abänderung der Wahlgesetze, insoweit sie den gerechten Ansprüchen der conservativen Gruppen widersprechen.

3. Wahrung gesunder Autonomie der einzelnen Kronländer durch einen entscheidenden Antheil der Landtage an der Verwaltung.
4. Kräftigung aller socialen Organismen im Staate, des Adels, des Bürgerthums, des Bauernstandes, der Arbeiter, zu einer geordneten collectiven Thätigkeit.
5. Vertretung der politischen und wirthschaftlichen Interessen des grossen und kleinen Grundbesitzes; Anstrebung der hiezu nöthigen Reformen der Gesetzgebung, soweit dieselbe jene Interessen ungenügend berücksichtigt, oder ihnen sogar direct feindlich ist. Anpassung der Schulgesetze an die wirklichen Bedürfnisse der Landbevölkerungen. Eventuelle Revision der Gemeindeordnungen und verstärkter Einfluss der Landesausschüsse auf dieselben.
6. Revision der Gewerbeordnung.
7. Regelung des Verkehrswesens auf Basis von allgemein ohne Ausnahme giltigen Tarifen. Uebergang vom Systeme monopolistischer Privatgesellschaften zu jenem der Staatsbahnen, soweit dies irgend möglich.